Zucchini

Anbau und Zubereitung

MIX
Papier aus verantwortungsvollen Quellen
Paper from responsible sources
FSC® C105338

2. Auflage

Copyright Text/ 2023/ Julia Schnur

Herstellung und Verlag:

BoD - Books on Demand, Norderstedt

ISBN: 9783741250095

Bibliografische Information der Deutschen Nationalbibliothek:
Die Deutsche Nationalbibliothek verzeichnet diese Publikation in der Deutschen Nationalbiografie; detaillierte bibliografische Daten sind im Internet über www.dnb.de abrufbar.

Inhaltsübersicht

- **Vorwort** 12
- **Die Geschichte und Wortherkunft des Zucchinos** 13
- **Die Biosystematik eines Zucchinos.** 15
- **Faktische Zahlen über Zucchini** 17
- **Welche Sorten gibt es?** 18
  - -> Grüne Sorten 19
  - -> Weiße Sorten 24
  - -> Gelbe Sorten 25
- **Der Zucchini-Anbau** 27
  - -> Pflanze oder Samen? 28
  - -> Zucchini-Pflanzen aus eigenem Samen - (k)eine gute Idee 28
  - -> Beschreibung der Zucchini-Pflanze 30
  - -> Wie viel Zucchini darf es sein? 32
  - -> Die Aussaat und das Pflanzen 32
  - -> Müssen die Pflanzen in den Garten? 34
  - -> Der richtige Standort 35
  - ->Gute Beetnachbarn? Schlechte Beetnachbarn? Fruchtreihenfolge 35
  - -> Wasser ist wichtig: Das Gießen 36
  - -> Zucchini düngen? 37
  - -> Müssen Zucchini gemulcht werden? 37
  - -> Hackarbeiten 37
  - -> Zucchini-Pflanze schneiden? 38
  - -> Über die Ernte 38
  - -> Eine Überwinterung? 39
  - -> Anbaufehler und sonstige Probleme 39

- **Krankheiten und Schädlinge beim Zucchino....42**
  - -> Bakterien...42
  - -> Pilze...44
  - -> Schädlinge..51
  - -> Virus..61
  - -> Würmer...62
  - -> Wieso kranke Pflanzen nicht auf den Kompost geben?..63
- **Mittel gegen Krankheiten und Schädlinge selber machen..64**
  - -> Backpulver-Rapsöl-Wasser-Mischung/Natron-Rapsöl-Wasser-Mischung/Backpulver-Wasser-Mischung/Natron-Wasser-Mischung......................64
  - -> Brennnesselbrühe/Brennnesseljauche..................64
  - -> Essig-Gemisch/Essigessenz............................65
  - -> Kartoffelwasser.......................................65
  - -> Knoblauchjauche/Zwiebeljauche/Knoblauchzwiebel-jauche/Knoblauchsud/Zwiebelsud/Knoblauch-Zwiebelsud..65
  - -> Milch-Wasser-Mischung/Joghurt-Wasser-Mischung......................................66
  - -> Oreganosud/Oregano-Wasser-Gemisch...................66
  - -> Rapsöl-Wasser-Mischung................................66
  - -> Schachtelhalmjauche....................................67
  - -> Kali-Seifenlauge mit oder ohne Alkohol.................67
  - -> Schwarzer Tee..68
  - -> Spülmittel-Wasser-Mischung............................68
  - -> Spülmittel-Öl-Wasser-Lauge............................68
- **Nützlinge des Zucchinos......................................69**
  - -> Blindschleichen.......................................69
  - -> Blumenwanzen..69

- -> Erdkröten..70
- -> Florfliegenlarven..70
- -> Frösche..71
- -> Gallmücken und Gallmückenlarven...............71
- -> Heupferde...71
- -> Igel..72
- -> Laufenten..72
- -> Laufkäfer..73
- -> Marienkäfer...73
- -> Molche...74
- -> Nematoden..74
- -> Ohrwürmer/Ohrkneifer................................74
- -> Raubmilben...75
- -> Raubwanzen..75
- -> Rollwespen (Tiphiidae)................................76
- -> Schlupfwespen...76
- -> Schwebfliegenlarven...................................76
- -> Singvögel..77
- -> Spinnen..77
- -> Spitzmäuse..78
- -> Steinläufer..78
- -> Tigerschnegel..78
- -> Weinbergschnecke......................................79
- **Warum gelten Zucchini als gesund?.............79**
- **Einkaufstipps...81**
- **Zucchini aufbewahren..............................82**
- **Zucchini verwenden - Allgemeines............84**
- -> In welchem Gar-Zustand Zucchini essen?......85
- -> Zucchini-Blüten zubereiten?.........................85
- -> Müssen Zucchini geschält werden?...............85
- -> Was ist mit den Kernen?.............................85

-> Eingelegte Zucchini..86
-> Gebratene Zucchini...86
-> Gefüllte Zucchini..86
-> Gegrillte Zucchini..86
-> Gekochte Zucchini..86
-> Zucchini-Salat und Zucchini-Dip..........................87
-> Zucchini-Suppe..87
-> Zucchini-Puffer...87
-> Vieles Weitere..87
• **Zucchini-Vergiftung...87**
-> Woher kommen die Bitterstoffe?........................88
-> Wie gefährlich sind Bitterstoffe in Zucchini?........88
-> Bitterstoffe erkennen...89
-> Wie können die Stoffe vermieden werden? Was ist nach dem Verzehr zu tun?............89
• **Zucchini-Allergie..90**

- **Zucchini-Rezeptteil**..**91**
  - -> Gebratene Zucchini mit oder ohne Knoblauch (vegan)..92
  - -> Gebratene Zucchini: Panierte Zucchini-Schnitzel (vegetarisch) ... .93
  - -> Gebratene Zucchini: Zucchini-Cordon-Bleu (mit Schinken)..94
  - -> Gefüllte Zucchini: Zucchini mit Champignon-Kräuter-Füllung (vegetarisch)...........................95
  - -> Gefüllte Zucchini: Zucchini mit Hähnchen-Reis-Paprika-Füllung..97
  - -> Gefüllte Zucchini: Zucchini mit Schafskäse-Tomaten-Füllung (vegetarisch)..........................98
  - -> Zucchini-Auflauf: Zucchini-Kartoffel-Auflauf (vegetarisch)..100
  - ->Zucchini-Auflauf: Zucchini-Tomaten-Auflauf (vegetarisch)...101
  - ->Zucchini-Auflauf: Zucchini-Fisch-Auflauf...............102
  - -> Gekochte Zucchini/Gemüsenudeln: gedünstete Zucchini (vegan)..104
  - -> Gekochte Zucchini/Gemüsenudeln: Zucchini in klarer Brühe mit Frühlingszwiebeln (vegan)...............105
  - -> Gekochte Zucchini/Gemüsenudeln: Zucchini-Nudeln Grundrezept (Zudeln, Zucchini-Spaghetti, Zoodles) (vegan)...106
  - -> Gekochte Zucchini/Gemüsenudeln: Zucchini-Nudeln mit Tomaten und Pesto (vegetarisch)...........107
  - -> Zucchini-Lasagne: Zucchini-Lasagne-Bolognese mit Mozzarella (mit Hackfleisch)............ 109
  - -> Zucchini-Lasagne: Zucchini-Lasagne mit Champignons (vegetarisch)..............................110

-> Zucchini-Suppe: Einfache Zucchini-Suppe (vegetarisch)...112
-> Zucchini-Suppe: Zucchini-Gemüsesuppe mit Frischkäse (vegetarisch)..113
-> Zucchini-Suppe: Zucchini-Paprika-Tomaten-Suppe (vegan)..115
-> Zucchini-Puffer: Zucchini-Puffer mit Knoblauch (vegetarisch)..116
-> Zucchini-Puffer: Zucchini-Puffer mit Haferflocken (vegetarisch)..117
-> Zucchini-Puffer: Zucchini-Puffer mit Kartoffeln (vegetarisch)...118
-> Zucchini-Pommes: Zucchini-Pommes frittiert (vegan)..120
-> Zucchini-Pommes: Zucchini-Pommes aus dem Backofen (vegetarisch)..121
-> Zucchini-Pommes: Zucchini-Pommes mit Knoblauch (vegan)..122
-> Gegrillte Zucchini: Zucchini-Halloumi-Spieße (vegetarisch)...123
-> Gegrillte Zucchini: Gegrillte Zucchini-Scheiben (vegan)..124
-> Gegrillte Zucchini: Gefüllte Grill-Zucchini (mit Hackfleisch)..125
-> Salate: Einfacher Zucchini-Salat mit Minze (vegan)...126
-> Salate: Leichter Zucchini-Salat mit Honig-Dressing (vegetarisch)...127
-> Salate: Zucchini-Salat mit Reis (vegetarisch).....128
-> Dip mit Zucchini: Zucchini-Dip mit Knoblauch und Schafskäse (vegetarisch).................................130

-> Dip mit Zucchini: Scharfes Tomaten-Zucchini-Salsa (vegetarisch)..131
-> Dip mit Zucchini: Würziges Zucchini-Chutney (vegan)............ 133
-> Dips für Zucchini-Gerichte: Gurkenjoghurt-Dip (vegetarisch)............................... 134
-> Dips für Zucchini-Gerichte: Tzatziki (vegetarisch)...135
-> Zucchini-Marmelade: Zucchini-Apfel-Marmelade (vegan)...136
-> Gebäck: Zucchini-Haselnuss-Kuchen (vegetarisch)..137
-> Zucchini-Chips: Zucchini-Chips einfach (vegan) 139
-> Eingelegte Zucchini (vegan)..................................140
- **Anhang**..141
-> Verwendete Links für den Zucchini-Text...............141
-> Bildverzeichnis...147

Die Zucchini

<u>Vorwort:</u>

Die südeuropäische Küche erfreut sich vor allem bei Reisenden in den Mittelmeerraum sowie deren Bewohnern und Bewohnerinnen mediterranes Gericht genießen zu können, ist nicht unbedingt eine Reise nötig. Einen Großteil der Zutaten gibt es auch in Mitteleuropa oder anderen Regionen. Sie können im Handel erworben oder selber angebaut werden. Ein wichtiges Gemüse, ohne das die südländische Küche um einiges ärmer wäre, ist der Zucchino - Mehrzahl die einer großen Beliebtheit. Um aber ein Zucchini. Der Anbau der Zucchini ist mittlerweile unter anderem auch in Mitteleuropa möglich – teilweise schon gang und gäbe.

Aber was sollte beim Zucchini-Anbau eigentlich beachtet werden? Welche Krankheiten und Schädlinge können die Früchte und Pflanzen bekommen? Was existieren für Möglichkeiten, Zucchini zu verwerten? Was ist mit einer Zucchini-Vergiftung gemeint? Und weshalb gilt dieses kürbisverwandte Gemüse eigentlich als so gesund? Solche und ähnliche Unklarheiten sollen nun mit diesem Ratgeber beantwortet werden. Dabei ist zu beachten, dass alle Tipps und alles Wissen sorgsam von der verfassenden Person geprüft wurden, es aber keine Garantie gibt. Eine Haftung ist darum ausgeschlossen. Doch alles von Anfang an.

<u>Die Geschichte und Wortherkunft des Zucchinos:</u>
Bevor es speziell um die Verbreitungsgeschichte dieses Gemüses geht, soll vor allem auf die Wörter Zucchino und Zucchini eingegangen werden. So gut wie immer wird der Begriff Zucchini falsch genutzt. Zucchini ist meist nicht komplett unrichtig. Jedoch ist es im deutschen Sprachgebrauch üblich, die lange gurkenähnliche Frucht* als Zucchin zu bezeichnen. Mehrere dieser Früchte* sind dann meist die Zucchinis.

Korrekt bezieht sich der Begriff Zucchini aber immer auf den Plural, also die Mehrzahl. Die Einzahl, also der Singular, heißt richtig Zucchino.
Wenn hier im Ratgeber also der Begriff Zucchini fällt, bezieht sich dies immer auf die Mehrzahl und Zucchino auf die Einzahl.

Je nach Region ist außerdem von Zucchetto, Zucchetti, Courgette, Coccozelle, Gurkenkürbis, Gemüsekürbis, Gartenkürbis, Sommerkürbis oder Pflanzbeere die Rede. Außerdem gibt es die Bezeichnung Zucchine, vom italienischen Wort „Zucca". Dies bedeutet Kürbis.

Der wissenschaftliche Begriff lautet Cucurbita pepo subsp. pepo convar. Giromontiina. Damit nun zum eigentlichen Zucchini-Geschichtlichen.

Es wird angenommen, dass der Zucchini-Ursprung in der amerikanischen Region liegt. Sie sind vermutlich einer der ältesten Kulturpflanzenarten, welche die Menschheit kultiviert hat. Ihre Ausgangspflanze war der Gartenkürbis (Curcubita pepo), welcher wiederum den texanischen Wildkürbis (C. texana) als Ursprungsart besitzt.

*als Frucht werden alle organischen Pflanzenteile bezeichnet, welche sich aus der Blüte bilden und den Samen bis zu seiner Reifung umschließen. Es kann sich dabei etwa um Obst, Gemüse oder Getreide handeln.

Dort wurden essbare Kürbisse schon schätzungsweise 7000 v. Chr. in Mexiko gezüchtet. In der Neuzeit (Wendezeit zwischen dem 15. und 16. Jahrhundert), gelangten Kürbisse über Seefahrer nach Europa. Ob da schon Zucchini in heutiger Form mit dabei waren, ist nicht bekannt. Eventuell wurde der Zucchino auch erst in Europa (Italien) gezüchtet. Auf alle Fälle kann man davon ausgehen, dass dort die erste europäische Zucchinizucht betrieben wurde. Allmählich gesellten sich zur Zucht Spanien und Frankreich hinzu. Eine erstmalige Beschreibung gab es im Jahr 1856 von Charles Victor Naudin, einem französischen Botaniker. Allgemein soll zwar Giacomo Castelvetro, ein italienischer Reisender, 1614 schon einmal von Zucchini gesprochen haben - allerdings meinte er wohl damit Kürbisse im Allgemeinen. Später, 1927, sprach Henri Leclerc, ein französischer Arzt und Autor, vom „italienischen Gemüse". Ähnlich machten es die Österreicher Leopold Rosner und Robert Habs. In Mitteleuropa waren die Pflanzen und Früchte bis in die 1970-er Jahre fast unbekannt. In den vergangenen Jahrzehnten hat sich dieses Gemüse wiederum stark verbreitet. Zucchini sind nun in Mitteleuropa keine Seltenheit mehr.

Die Biosystematik eines Zucchinos
Der Zucchino (Curcubita pepo subsp.pepo convar. giromontiina) ist in seiner biologischen Ordnung eine Unterart des Gartenkürbis` (Curcubita peto). Dieser gehört der Gattungen Kürbisse (Cucurbita) an. Zur gleichen Gattung zählen etwa der Moschus-Kürbis

(Cucurbita moschata) und der Riesen-Kürbis (Cucurbita maxima).

Die Familie des Zucchinos sind die Kürbisgewächse (Cucurbitaceae). Sie umfasst 130 Gattungen, welche in Nhandiroboideae und Cucurbitoideae eingeteilt werden.

Als Ordnung der Kürbisgewächse gelten die Kürbisartigen (Cucurbitales). Zu denen gehören 7 weitere Pflanzenfamilien.

Bezüglich der Unterklasse handelt es sich um die Rosenähnlichen (Rosidae) und bei der Klasse um die Zweikeimblättrigen Bedecktsamer (Rosopsida syn. Dikotyledone).

Noch weiter in der Systematik zurück, gehören Zucchini zu der Gruppe der Bedecktsamer (Spermatophytina syn. Angiosperma) und zu der Unterabteilung der Samenpflanzen (Spermatophytina). Deren Abteilung sind die Gefäßpflanzen (Tracheophyta) und das Reich sind die Pflanzen (Plantae).

Das alles klingt für die meisten Laien viel zu hochtragend und verwirrend.

Darum hier noch einmal die Biosystematik im sehr Groben zusammengefasst:

- **<u>Wissenschaftlicher Name:</u>** Cucurbita pepo ssp. pepo convar. Giromontina

- **<u>Art:</u>** Gartenkürbis (Curcubita peto)

- **Gattung:** Kürbisse (Cucurbita)

- **Familie:** Kürbisgewächse (Cucurbitaceae)

- **Ordnung:** Kürbisartige (Cucurbitales).

Faktische Zahlen über Zucchini:
In diesem Kapitel möchte ich auf einige Zahlen des Zucchinos bzw. der Zucchini eingehen. Sicher ist die eine oder andere Ziffer für den Anbau eher wichtig, während manch andere Zahl einfach nur als Allgemeinwissen interessant sein könnte. Da ist zum Beispiel die Zahl 20. Ob man es glaubt oder nicht. **Aber 20 Liter brauchen Zucchini-Pflanzen wohl mindestens pro Woche an Wasser - auf 1 Quadratmeter bezogen.** Dabei spielt es keine Rolle, ob es sich um Gießwasser handelt, es regnet und ob die Pflanzen sonnig oder halbschattig stehen. 20 ist auch eine gute Zahl für die Größe. Oft werden Zucchini mit 10 bis 20 cm geerntet, obwohl sie bis 60 cm lang und mehrere Kilos schwer werden könnten. So sind Fruchtfleisch und Schale nicht so fest. In diesem Zustand haben sie zudem ein Gewicht von etwa 120 bis 300 Gramm. **Eine gute Ernte kann es aber nur geben, wenn die Pflanzen bei mindestens + 18 °C gedeihen können. Zudem sollten sie mindestens 0,80 cm x 1 m auseinanderstehen.** Der hohe Wasserbedarf sorgt auch dafür, dass die Früchte vor allem wässrig sind. Vielleicht erscheinen sie dem einen oder deren nicht als wässrig. **Jedoch bestehen Zucchini mindestens zu 90 % aus Wasser.**

Außerdem sind sie mit **maximal 20 Kalorien und 2 Gramm Kohlenhydraten pro 100 Gramm** sehr kalorienarm.

Nach der Ernte sind die Früchte nach Möglichkeit bei +7 bis +10 °C bis zu 14 Tage aufzubewahren oder zu verbrauchen. **Pro Jahr kann eine Pflanze bis zu 20 kleine bis mittelgroße Früchte bilden. Dies kann ein Gesamtgewicht von bis zu 6 kg ergeben.**

Dass Zucchini sehr beliebt sind, zeigt aber auch die Tatsache, dass im Jahr 2012 etwa 1,3 Millionen Tonnen in Europa angebaut wurden. In Deutschland stieg die Anbaufläche von 204 Hektar (im Jahr 1992) auf 1000 Hektar (im Jahr 2005) an. Danach wurde es noch mehr. Im Jahr 2016 soll es deutschlandweit 1295 Betriebe gegeben haben, welche auf mehr wie 1100 Hektar dieses Gemüse anpflanzten. Pro Hektar ergibt sich eine Erntemenge von 393 Dezitonnen. Auf 1 Quadratmeter gerechnet sind es etwa 3,9 kg. Außerdem lag damals der Verbrauch pro Kopf bei etwa 2 kg. Auch heute noch gilt der Zucchino als eines der meistverkauften Gemüse hierzulande.

Welche Sorten gibt es?

Bei Zucchini gibt es verschiedene Sorten. Im Geschmack sind sie kaum voneinander zu unterscheiden. Dafür gibt es optisch einige Merkmale. Manche Zucchini sind länglich und andere rund. Vor allem in südländischen Gebieten gibt es sie auch sternenförmig oder keulenartig. Auch ist die Schale bei manchen grün, grün-gelb gestreift oder leuchtend gelb. Sogar

weißschalige Früchte sind möglich. Je nach Art kann das Fruchtfleisch zudem weiß bis hellgrün erscheinen. Ebenso ist ein verschiedener Erntezeitpunkt gegeben. Sorten aus heimischem Anbau werden meist von Juni bis Oktober geerntet. Und nun sollen einige Sorten ein wenig vorgestellt werden.

Beginnen wir mit verschiedenen **grünen Sorten**:
(Hinweis: Abbildungen sind beispielhaft. Sie müssen nicht der gerade beschriebenen Zucchinisorte entsprechen.)

Albarello di Sarzana ist eine alte, samenfeste, italienische Sorte. Ihre Früchte sind hellgrün und die vielen männlichen Blüten können zubereitet werden. Die Früchte sind länglich und leicht gebogen.

Ambassador F1 bilden grüne und lange Zucchini. Die Zucchini-Sorte ist resistent gegen Mehltau.

Anissa F1 ist eine schnell wachsende Sorte mit einem reichen Ertrag. Sie wird kaum vom Gurkenmosaikvirus, Zucchinigelbmosaikvirus und Wassermelonenmosaikvirus befallen. Ihre Früchte sind von mittlerer Länge und zylinderförmig. Die Schale ist dunkelgrün. Je jünger die Früchte sind, desto weicher und schmackhafter ist das Fruchtfleisch.

Alfresco F1 ist eine neue Sorte aus Italien. Das Fleisch ist fest mit gutem Aroma. Hier können zudem auch die Blüten verarbeitet und gegessen werden. Die Schale ist hellgrün.

Bianco de Trieste bringt hellgrüne, fast weiße Zucchini. Die Sorte stammt aus Italien und ist samenfest.

Black Forest ist eine Sorte, die klettern kann und wenig rankt. Sie ist robust und lässt sich leicht aufbinden. Ihre dunklen Früchte können lange abgeerntet werden und haben ein gutes Aroma.

Black Jack ist eine grüne Sorte mit mittellangen Zucchini. Geeignet ist Black Jack für das Freiland.

Cavili F1 bildet hellgrüne Zucchini. Die Sorte kann auch auf dem Balkon oder auf der Terrasse kultiviert werden. Auch gilt ihr Geschmack als gut, der Ertrag als hoch und gegenüber Krankheiten ist Cavili F1 resistent.

Coucourzelle di Tripolis ist eine italienische Sorte, die weltweit gern verzehrt wird. Die Schale ist dunkelgrün mit hellen Streifen. Die Fruchtform ist keulenförmig.

Diamant F1 ist eine ertragreiche Zucchinisorte. Der Zucchino ist grün und länglich.

Defender F1 bringt hohe Erträge von langen, grünen Zucchini. Defender F1 ist resistent gegenüber dem Gurkenmosaikvirus.

Dunja F1 hat lange, dunkelgrüne Früchte. Die Pflanzen ranken nicht und sind gegen Echten Mehltau resistent.

Eight Ball F1 sind schmackhafte grüne und runde Früchte, die sich auch gut füllen lassen. Die Pflanzen wachsen buschig und gelten bei regelmäßiger Ernte als ertragreich. Außerdem ist diese Sorte sehr resistent gegenüber dem Zucchinigelbmosaikvirus. Stehen die Pflanzen sonnig, ist eine Ernte von August bis Oktober möglich.

Green Tiger F1 besitzen ein festes Fleisch und eine grüne gestreifte Schale. Mit etwa 18 cm werden sie geerntet. Verwendet werden jedoch nicht nur die Früchte, sondern auch die Blüten. Sie können ebenso gefüllt werden. Erntereif sind die Früchte ab Sommer.

Werden Tiger F1 jung geerntet, gelten sie besonders als schmackhaft.

Ismalia F1 sind lange Früchte mit einer hellgrünen Schale und weißen Flecken. Ismalia F1 ist resistent gegen Echten Mehltau, Ringflecken-

krankheit und dem Mosaikvirus.

Laila ist eine Sorte mit kompakten Pflanzen. Sie ist ertragreich und ihre Früchte werden mit 15 cm geerntet.

Long White Bush ist eine hellgrüne Sorte mit weißen Flecken. Die Form ist keulenartig. Im Verhältnis zu anderen Arten kann die Long White Bush lange (bis 5 Wochen) im Kühlschrank gelagert werden.

Lungo Fiorentino sind grün-gestreift und länglich. Sie haben Rippeln, damit sehen ihre Scheiben aus wie Sterne. Der Geschmack ist aromatisch und in Italien ist die Sorte sehr beliebt.

Malstil F1 bringt mittelgrüne Früchte, hohe Erträge und ist resistent zu Echtem Mehltau und zum Gurkenmosaikvirus. Der Geschmack ist leicht süßlich und das Fruchtfleisch leicht fest.

Marow Push Baby F1 ist eine grün-gestreifte Zucchinisorte. Ihr Wuchs ist buschig. Sie ist für das Freiland und für Kübel geeignet. Vor allem kleine Zucchini gelten bei ihr als aromatisch.

Mini-Zucchini Piccolo, hier sagt es der Name schon, ist eine Sorte mit sehr kleinen Zucchini. Sie werden nur so groß wie ein Hühnerei. Die Farbe der Früchte ist dunkelgrün mit hellen Streifen.

Nano Verde Di Milano tragen kleine, zarte, längliche und dunkelgrüne Früchte. Ihr Geschmack gilt als sehr ausgeprägt. Ursprünglich stammt diese Sorte aus der Region um Mailand.

Nero di Milano haben längliche Früchte. Die italienische Sorte hat eine dunkelgrüne Schale. Gern werden auch ihre großen Blüten verzehrt.

Novo-Diamant F1 ist eine moderne Sorte aus Italien. Sie ist wohl eine Nachfolgerin der Sorte Diamant. Ihr Ertrag gilt als hoch und die grünen Früchte haben eine längliche Form.

Partenon F1 haben wohl einen guten Geschmack. Die Früchte sind dunkelgrün, länglich und glänzen. Weil Partenon F1 sehr robust sind, sind sie eine gute Anfängersorte.

Patio Star F1 sind dunkelgrün, dünn und länglich. Die Sorte kann gut auf dem Balkon oder auf der Terrasse wachsen.

Satelite F1 gehören zu den ertragreichen Sorten mit dunkel-grünen und runden Zucchini.

Serafina ist zylinderartig, dunkelgrün, marmoriert und glänzend.

Striato d`Italia ist eine italienische Sorte. Die Zucchini sind dunkel- und hellgrün gestreift.
Neben den länglichen Früchten werden die Blüten gern verzehrt.

Tondo Chiaro di Nizza ist eine typisch italienische Sorte. Die Früchte sind grün und rund, mit Sprenkelungen. Sie können einfach gefüllt werden. An einem feuchten und sonnigen Standort können Tondo chiaro di Nizza im August und September geerntet werden.

Tondo di Toscana haben kugelrunde und hellgrüne Früchte. Besonders zart und schmackhaft sind sie im jungen Zustand.

Verde D`Italia sind italienische, lange und grüne Zucchini. Ihre Pflanzen sind sehr ertragreich und die Früchte zählen als sehr schmackhaft.

Zuboda haben eine apfelgrüne Farbe. Die Früchte sind länglich und saftig. Das Aroma erinnert an Gurke. Zudem gelten die Pflanzen als ertragreich.

<u>Unter anderem gibt es diese **weißen Sorten:**</u>
(Hinweis: Abbildungen sind beispielhaft. Sie müssen nicht der gerade beschriebenen Zucchinisorte entsprechen.)

Bianco di Sicilia sind weiße und längliche Zucchini. Junge Früchte sind hellgrün. Mit der Zeit werden sie

aber immer heller, also weiß. Sie sind frühreif, mit einem aromatischen Geschmack. Ihr Ursprung liegt in Sizilien. Zum Gedeihen brauchen sie Sonne oder Halbschatten. Die Ernte ist ab Mitte Juli fortlaufend möglich.

Custard White ist eine sternenförmige Sorte mit einer weißen Schale. Angebaut werden Custard White vor allem im Mittelmeerraum. Werden die Zucchini jung von Juli bis Oktober geerntet (mit maximal 10 cm Durchmesser) sind die Früchte sehr zart.

Shooting Star ist eine Sorte mit gelben, langen Zucchini. Sie haben ein gutes Aroma und können auf dem Balkon oder auf der Terrasse gezüchtet werden.

<u>Nun kommen manche **gelbe Sorten**:</u>
(Hinweis: Abbildungen sind beispielhaft. Sie müssen nicht der gerade beschriebenen Zucchinisorte entsprechen.)

Bantam Gelbe Zucchini wachsen buschartig und die Zucchini haben eine gelbe und zarte Haut. Ihre Wuchsform ist keulenförmig. Die Sorte ist samenfest.

Floridor F1 sind gelbe, runde bis eierförmige Zucchini. Diese Sorte kann auch gut im Topf angebaut werden.

Gold Rush bekommen gelbe und längliche Früchte. Die Pflanzen wachsen aufrecht und offen. Der Geschmack der Gold Rush ist leicht nussig. Für einen hohen Ertrag sollten die Früchte frühzeitig geerntet

werden. So kann die Pflanze neue Blüten und neue Zucchini nachbilden.

Lemon ist eine gelbe, zitronenförmige Sorte mit orangen Streifen. Die Ernte dieser Zucchini-Sorte beginnt im Frühsommer. Sie endet im Herbst.

One Ball F1 sind gelbe Zucchini. Die Früchte sind klein (weniger als 8 cm) und kugelrund. One Ball F1 kann gut zum Füllen genutzt werden und hat einen aromatischen Geschmack.

Orelia F1 ist sehr ertragreich mit einer gelben Schale. Die länglichen Früchte können ab Juni geerntet werden. Bis in den späten Herbst hinein bilden sich weitere Früchte nach.

Sebring F1 bildet Früchte in Zylinderform mit einer glatten, gelben und glänzenden Schale. Auch sind die Pflanzen robust gegenüber Echtem Mehltau.

Shenot Crown of Thorns

ist eine Sorte, die gelb, orange oder creme-weiß sein kann. Manchmal ist sie zweifarbig. Mit etwa 7 cm sollte sie geerntet werden.

Die Sorte kann gut auf dem Balkon wachsen.

Siesta F1 hat eine gelbe Schale mit weißen Streifen. Hinzu kommt gutes Aroma. Siesta F1 wird aber nicht nur zubereitet und gegessen, sie wird auch oft als Deko genutzt.

Soleil ist eine eher neue Züchtung mit gelben Früchten. Ihr Geschmack ist mildaromatisch. Soleil-Pflanzen wachsen buschig und haben einen hohen Ertrag. Die Form der Zucchini ist länglich und die Sorte ist resistent gegen Mehltau.

Sunburst F1/Gelbe Pattison oder Scallopini sind sternenförmige und gelbe Zucchini. Geerntet werden sie sehr klein, mit einem Durchmesser von maximal 6 cm.

Zephyr ist eine Rarität. Es handelt sich hierbei um eine Sorte mit zwei Farben. Während die Blütenseite lindgrün ist, erstrahlt der Rest der länglichen Zucchini gelb.

Der Zucchini-Anbau
Nachdem nun zahlreiche (eventuell nicht alle) Sorten vorgestellt wurden, möchte ich nun zum Anbau kommen. Denn ohne den richtigen Standort und einer geeigneten Pflege kann es später keine gute Ernte geben.

Pflanze oder Samen?
Das ist wohl einer der ersten Fragen, welche sich (zukünftige) Zucchini-Anbauer*innen stellen müssen. Beides - Samen und Pflanze - hat Vorteile und Nachteile. Jungpflanzen können zur Pflanzzeit (Mitte Mai) in Gärtnereien, Gartenmärkten, im Internet oder manchmal auch in Blumenläden erworben werden. Sie sind bereits so groß, dass sie nach den letzten Nachtfrösten gepflanzt werden können. Damit erspart sich die Arbeit mit der Anzucht. Allerdings haben die kleinen Pflänzchen dafür ihren finanziellen Preis. Günstiger ist wiederum der Samen. Dieser kann nach dem Kauf um den Pflanzzeitpunkt herum oder etwas eher einfach ausgesät werden. Der Nachteil ist hier, dass vorher nicht gewusst wird, wie viele Samen genau aufgehen. Im Zweifelsfall sollten lieber mehr Samen eingebracht und die Jungpflanzen anschließend verzogen werden. Auch ist es so, dass Zucchini-Pflanzen einer Direktsaat eventuell etwas später Früchte ansetzen und sich damit die Ernte leicht verzögert. Wer dies verhindern will, kann sich die Arbeit machen und die Gewächse vorziehen. Unabhängig ob Direktaussaat oder vorgezogen, können die Samen dort erworben werden, wo es die Pflanzen auch gibt - also in Gartenmärkten, im Internet, in Gärtnereien oder in Blumenläden.

Zucchini-Pflanzen aus eigenem Samen - (k)eine gute Idee:
Manche Menschen ziehen Zucchini aus eigenen Samen. Dies ist möglich, kann aber gefährlich enden. Immerhin gibt es nur wenige samenfeste Zucchinisorten. Die meisten sind F1 Hybriden und es

sind Kreuzungen oder Rückzüchtungen möglich. Besonders wenn sich weitere Sorten oder andere Kürbisse innerhalb von 3 km Umgebung befinden, ist die Gefahr groß. **Gekreuzte Zucchini können dann etwa giftige Bitterstoffe beinhalten und sollten nicht gegessen werden.** Wer dennoch den Zucchini-Samen selber gewinnen möchte, sollte nur auf samenfeste Sorten zurückgreifen. Auch gilt es, dass beim Anbau mit gewünschter späterer Samen-gewinnung verschiedene Kürbisarten mindestens 300 bis 500 m auseinanderliegen. Wie beschrieben verringert sich erst bei einem konsequenten Einhalten der 3 km Umgebung die Gefahr für Kreuzungen vermehrt. In den meisten Regionen ist das aber nicht möglich. Denn irgendwo wird sicher jemand anderes in der nahen Umgebung, ebenso Kürbisgewächse an-pflanzen. Um weiter die Gefahr zu verringern, ist eine kontrollierte Gewinnung angebracht. Es gilt hierbei, erst einmal auf die geschlossene, weibliche Blüte zu warten. Danach kommt ein Netz um sie. Das Netz muss so engmaschig sein, dass kein Insekt hindurchkommt. Nur so kann verhindert werden, dass Bienen oder andere Tierchen diese Blüte mit Samen von einem anderen Zucchinigewächs befruchten. Nach dem Öffnen (dieses passiert wohl nur an einem Tag, also Aufpassen) wird die Zucchiniblüte per Hand mit dem Samen drei männlicher gleichartigen Zucchini-blüten bestäubt. Um Inzucht zu vermeiden, sollte es sich dabei um eine artgleiche, andere Pflanze handeln. Außerdem kann man erst ab 3 Blüten vermutlich sicher sein, dass die Bestäubung funktioniert hat.

Immerhin gibt es bei Zucchini (ähnlich wie bei anderen Lebewesen auch) männliche Gene, die besseren oder weniger guten Samen produzieren.

Anschließend kommt das Netz erneut um die weibliche Blüte. Somit wird auch im Nachhinein eine Fremdbestäubung vermieden. Anschließend wächst aus der befruchteten Blüte ein Zucchino. Er wird nicht geerntet, sondern muss ausreifen. Sobald sich die Farbe geändert hat, der Stiel ausgetrocknet ist und der Zucchino sichtlich überreif ist, werden aus ihm die Samen entnommen. Die Samen werden abgespült und getrocknet. Im nächsten Frühjahr können sie für die Anzucht genutzt werden. Allerdings sind sie auch einige Jahre haltbar, wenn sie kühl, dunkel und trocken lagern.

Beschreibung der Zucchini-Pflanze:
Zucchini-Pflanzen sehen **allgemein** Gemüsekürbissen sehr ähnlich. Allerdings ranken sie meist weniger, wobei es sortenmäßig auch Aus-
nahmen gibt. Stattdessen gedeiht die einjährige Pflanze eher kriechend, 1 bis 1,5 Meter in die Breite. Auch die **Zucchini-Blätter**, welche alle an einem Hauptstängel wachsen, sind kleiner als Gemüsekürbis-Blätter. Aber immerhin können sie noch einen Durchmesser von 30 cm erreichen.

Zudem fassen sich die Blätter rau an und sie haben oft eine gelappte Herzform. Des Weiteren besitzen Zucchini-Pflanzen männliche und weibliche **Blüten**. Nur aus den weiblichen Blüten können Zucchini entstehen. Die Befruchtung erfolgt aus den Samen der männlichen Blüten. Zur Übertragung bedarf es Insekten. Weibliche Blüten haben zudem einen kürzeren Stiel als die männlichen.

Oben: 3 männliche Blüten. Erkennbar am langen Stiel.

Ob eine Pflanze viele weibliche oder mehr männliche Blüten besitzt, kann unter anderem vom Wetter abhängen. Ein kühler Regensommer bringt oft mehr männliche Blüten.

Die **Früchte** der Zucchini-Pflanzen heißen in der Einzahl Zucchino und in der Mehrzahl Zucchini. Sie sind anfangs klein und zart. Lässt man sie wachsen, können sie aber auch Kürbisgröße erreichen. Mit zunehmendem Alter wird ihre Schale fester. Sind Zucchini ausgereift, haben sie zudem innerlich Kerne gebildet.

Wie viel Zucchini darf es sein?
Ein Gesetz, welches besagt, wie viel Zucchini jemand privat anbauen darf, gibt es im Moment nicht. Lediglich ist der Handel, also der Verkauf, ohne Anmeldung verboten. Für den privaten Konsum dürfen hingegen so viele Zucchini angebaut werden, wie zu verwerten sind. Für eine 4-köpfige Familie (2 Erwachsen und 2 Kinder) sind dies meist 2 Pflanzen. Werden extrem viel Zucchini genutzt oder handelt es sich bei der Familie um 4 (fast) erwachsene Esser, kann es auch eine Pflanze mehr sein.

Die Aussaat und das Pflanzen:
Jede Zucchini-Pflanze wird über Samen gewonnen. Möchte jemand seine Gewächse selber aussäen, können die Samen eine Nacht im Wasser verbringen. Damit soll die Keimfähigkeit gesteigert werden. Danach kommen sie in einen Kübel oder ins Freiland. **Ist der Wunsch da, die Pflanzen im Topf vorzuziehen, kann das ab März passieren.** Die Töpfe sollten dann bei mindestens +12 °C, besser +18 °C, und bei maximal +24 °C stehen. Je nach Topfgröße (meist kleine Anzuchttöpfe, es gehen auch Eierkartons), kommen ein bis zwei Samen etwa 2 cm tief in die Anzuchterde. Das Substrat, welches die Samen bedeckt, bleibt am besten immer etwas feucht. Keimen beide Samen, müssen die Pflänzchen nach dem Bilden der ersten Laubblätter (nicht Keimblätter) auseinandergesetzt werden. **Der Vorgang wird pikieren genannt.** Nun kommt jede Pflanze einzeln in einen kleinen Topf mit Pflanzenerde, keine Anzuchterde mehr. Geeignet ist etwa Gemüseerde. Denn sie ist

etwas nährstoffreicher als Anzuchterde. Zum Beispiel besitzt sie Kalium, Phosphor und Stick-stoff, welche für die weitere Entwicklung bedeutsam sind. Zum Pikieren benötigt werden zudem ein Holzeisstiel, ein Löffel oder ein Pikierstab. Die Pflanze wird mit einer Hand am Blatt angefasst und mit der anderen Hand und dem Pikierstab (ersatzweise Eisstiel oder Löffel) an der Wurzel vorsichtig ausgehoben. Es ist dabei darauf zu achten, dass es zu keinen Verletzungen oder Quetschungen etwa am Stiel oder an der Wurzel kommt. Die kleinen Pflanzen kommen dann in die halbvollen Töpfe, welche anschließend am Rand aufgefüllt werden. Nach dem Angießen kommen die Gewächse an einen warmen und sonnigen Platz. Nun hat jede Pflanze Zeit und Platz zum Wachsen. Zwischendurch ist immer wieder etwas zu gießen.

Nach den Eisheiligen (und eventuell nach mehrmaligem Umtopfen) **können die Jungpflanzen an ihren vorgesehenen Standort gepflanzt werden.** Nun haben sie im Idealfall mindestens 2, besser noch 4, Blätter. Dabei sollten die Pflanzen auf dem Beet mindestens 80 cm x 1 m auseinandergesetzt werden. Als Maße für jedes Pflanzloch eignen sich 20x20 cm (Durchmesser und Tiefe). Sobald das Loch ausgehoben ist, kann die Pflanze ausgetopft und hineingesetzt werden. Nach dem Pflanzen wird die Erde etwas angedrückt und gegossen.

Von Mitte April bis Mitte Mai ist auch eine **Direktsaat ins Freiland** möglich. Wichtig ist, dass es keinen Frost mehr gibt, sobald die Samen keimen. Wird es unverhofft trotzdem noch einmal sehr kalt, können die

Pflanzen mit einem Eimer, mit Vlies oder einem Pflanzhut abgedeckt werden.

Links: Junge Zucchini-Pflanzen.

Auch sollten beim Säen die Samen gleich in einem großzügigen Abstand zueinander eingebracht werden. Damit müssen die Pflanzen später nicht noch einmal umgesetzt oder ausgedünnt werden. Wie auch bei der Vorkultur empfiehlt sich eine Saattiefe von etwa 2 cm. Die Erde ist außerdem feucht zuhalten, aber ohne Staunässe. Die Keimung startet 7 bis 14 Tage nach dem Säen.

Müssen Zucchini-Pflanzen in einen Garten?
Die meisten Zucchini-Gewächse wachsen am besten im Garten. Allerdings gibt es auch Sorten, welche für Kübel geeignet sind. Die Anbaukübel können dann auf dem Balkon oder auf die Terrasse gestellt werden. Zudem müssen sie genug Platz bieten, weshalb sie mindestens ein Fassungsvermögen von 40 Liter haben sollten. Nicht fehlen darf zudem das richtige Substrat (Blumenerde, Gemüseerde oder Komposterde) und ein Abzugsloch. Letzteres verhindert, dass sich Staunässe bildet.

Der richtige Standort:
Zucchini-Pflanzen benötigen eine **warme und sonnige Umgebung**. Je nach Sorte kann der Platz auch halb-schattig liegen. Schatten oder Halbschatten können jedoch das Wachstum und die spätere Ernte negativ beeinflussen. Einfluss nimmt eventuell auch, ob der Standort geschützt ist (etwa durch Hecken oder Sonnenblumen). Denn selbst Wind kann den Gemüsepflanzen schaden. Außerdem brauchen Zucchini einen **nährstoffreichen, kalkreichen, tiefgründigen, lockeren, feuchten und durchlässigen Boden**. Eine nährstoffarme Erde kann mit Kompost angereichert werden. Hingegen werden schwere Böden mit Sand aufgelockert. Als pH-Wert für Zucchini wird empfohlen: 6,5 - 7,5. Der Standort kann auf einem Gemüsebeet, im Kübel oder in einem Hochbeet sein. Zucchini im Gewächshaus zu kultivieren, ist weniger geeignet. Denn durch das feuchte Klima können die Pflanzen bald krank werden. Wer dennoch Zucchini ins Gewächshaus setzen möchte, sollte unbedingt auf viel Frischluft achten.

Hinzu benötigt jede Pflanze unabhängig ihres Standortes 1,5 bis 2 Quadratmeter Platz.

Gute Beetnachbarn? Schlechte Beetnachbarn? Fruchtreihenfolge:
Für eine gute Ernte ist nicht nur entscheidend, dass der Standort sonnig und windgeschützt ist. Auch die Fruchtreihenfolge und die Beetnachbarn sind wichtig. So **eignen sich Zucchini-Pflanzen** etwa **gut** für **eine Mischkultur mit Kapuzinerkresse, Lauch,**

Spinat, Mais, Zwiebeln und **Stangenbohnen. Weniger geeignet sind Gurken und Nachtschattengewächse, also Kartoffeln und Tomaten.** Ebenso sollten Zucchini **mindestens 300 bis 500 m entfernt von Zier-Kürbisgewächsen stehen.** Hier kann es sonst zu Fruchtkreuzungen mit giftigen Bitterstoffen kommen. Darum und weil Kürbisse (und somit auch Zucchini) Starkzehrer sind, sollten sie auch nicht an eine Stelle gepflanzt werden, an der innerhalb der vergangenen 3 bis 4 Jahre Kürbisgewächse standen. Sonst kann es zu einer Bodenermüdung kommen. Selbstverständlich können andere, schwach- oder mittelzehrende Gemüsearten oder Kräuter in der Zwischenzeit auf dem Beet kultiviert werden.

<u>Wasser ist wichtig: Das Gießen:</u>
Um später Zucchini ernten zu können, müssen die Pflanzen schon vorher regelmäßig gegossen werden. **Der Wasserbedarf ist bei Zucchini-Pflanzen mittel bis hoch.** Ungefähr liegt er bei 20 Liter pro Quadratmeter in der Woche. (Auch Wasser während eines Regenschauers kann einen Teil davon ausmachen).
Darum sollte die Erde möglichst immer etwas feucht sein. Starke Dauernässe oder Staunässe gilt es jedoch zu umgehen. Hierunter würden die Wurzeln leiden. Wer sinnvoll gießen möchte, sollte zudem kein Wasser auf die Blätter und Früchte geben. Zum einen würde dieses Nass nicht an die Wurzeln kommen, um richtig aufgenommen zu werden und zum anderen können dauerhaft feuchte Blätter oder Früchte der Pflanze Krankheiten bringen. **Darum nach Möglichkeit wurzelnah gießen.**

Zucchini dünger?
Als Starkzehrer brauchen Zucchini-Gewächse viele Nährstoffe. Am besten als Dünger für diese Pflanzen eignet sich frischer Kompost. Er wird vor Anbaubeginn in die Erde oder in das Substrat gegeben. Dabei werden 3 bis 5 Liter Kompost auf 1 Quadratmeter Anbaufläche empfohlen. Stellt die Zucchini-Pflanze dennoch das Wachstum ein oder entwickeln sich die Früchte nicht richtig, kann, während der Vegetationsphase nachgedüngt werden. Auch Hornspäne und Brennnesseljauche sind ein guter Dünger. **Die Brennnesseln werden für die Jauche mit dem Gießwasser 1:10 gemischt und einige Tage stehengelassen.** Die Zugabe des Kompostes, der Brennnesseljauche oder der Hornspäne ist nicht nur bei einem Anbau im Freiland oder im Gewächshaus möglich, sondern auch in Kübeln. Ersatzweise kann bei Kübelpflanzen, Flüssigdünger genutzt werden.

Zucchini mulchen?
Zucchini-Pflanzen zu mulchen kann sein, muss aber nicht. Das Mulchen kann das Unkrautwachstum unterbinden. Auch hält die Mulchschicht den Boden feuchter, was sich positiv auf das Gießen auswirkt. Zum Mulchen für Zucchini-Pflanzen kann Rasenschnitt genommen werden.

Hackarbeiten:
Weil Zucchini einen durchlässigen Boden brauchen, sollte dieser vor allem zu Beginn gut aufgearbeitet werden. Auch ein regelmäßiges Hacken der Oberfläche

ist am Anfang angebracht. Die Arbeit kann eingestellt werden, sobald die Blätter den Boden bedecken.

Zucchini-Pflanze schneiden?
Eine Zucchini-Pflanze braucht in ihrem Leben keinen Schnitt. Allerdings werden kranke und welkende Blätter ausgebrochen.

Über die Ernte:
Die Erntezeit ist oft von Juni bis Oktober, also etwa 4 bis 6 Wochen nach dem Pflanzen. Die Zucchini sollten eher jung geerntet werden. Bei länglichen Zucchini ist dies mit einer Länge von 10 bis 20 cm und bei Runden mit einem ein Durchmesser von 5 bis 6 cm. Größere Zucchini sind ebenso essbar, ihre Qualität nimmt jedoch mit zunehmender Größe ab. Außerdem bilden bei einer frühen Ernte die Pflanzen oft noch einmal Blüten und Früchte nach. Das Ernten selbst geschieht mit einem Messer. Außerdem wird Zucchini am besten früh am Morgen geerntet. Denn vor der Mittagssonne besitzen die Früchte am meisten Wasser und sind damit saftiger. Die Frucht wird mit dem Messer an ihrem Stielansatz von der Pflanze abgeschnitten.

Übrigens können nicht nur die Zucchini-Früchte geerntet werden, sondern auch die Blüten. Vor allem große Blüten werden in mancher Küche gern gefüllt verspeist. Bei der Blütenernte empfiehlt es sich, männliche Blüten zu nutzen. So geht keine Frucht verloren. Weil sie jedoch oft vor dem Öffnen geerntet werden, ist darauf zu achten, dass nicht alle männlichen Blüten genommen werden. Immerhin muss es

noch genug für die Befruchtung geben. Zudem sind Zucchiniblüten kaum lagerbar und werden am besten noch am gleichen Tag verarbeitet.

Eine Überwinterung?
Die Pflanzen sind sehr kälteempfindlich und werden nicht überwintert.

Anbaufehler und sonstige Probleme:
Obwohl der Zucchino ein gutes Einsteiger-Gemüse für Gartenneulinge ist, kann bei seinem Anbau manches schiefgehen. Häufige Fehler sind ein(e):

-zu frühes Auspflanzen oder eine zu frühe Aussaat im Freien.
Wenn im Frühjahr die Gartenzeit beginnt, fällt es manchen Menschen schwer, sich zu beherrschen. Am liebsten würden sie mit den ersten Sonnenstrahlen schon da und dort etwas einpflanzen. Werden Zucchini zu früh ins Freiland gesetzt, können sie an den Eisheiligen erfrieren. Das Gleiche gilt, wenn der Samen zu früh ins Freiland gesät wird und die Keimlinge absterben. Hiergegen hilft nur auf den richtigen Pflanz- oder Aussaatzeitpunkt zu warten (Pflanzzeit nicht vor Mitte Mai, Aussaatzeit nicht vor Ende April). Wer ganz ungeduldig ist, kann die Zucchini im Haus oder im beheizten Gewächshaus vorziehen.

-geringes oder unregelmäßiges Gießen.
Hierdurch bilden die Pflanzen oft zu viele männliche Blüten, die später keine Zucchini tragen. Außerdem können Bitterstoffe in den Früchten entstehen oder die Pflanze stellt das Wachstum ein. Zudem können kleine Früchte beginnen, an ihrer Spitze zu faulen. Regelmäßig bzw. mehr gießen hilft dagegen. Einige männliche Blüten, aber nicht alle, können zudem entfernt werden.

-nährstoffarmer Boden oder zu viel Kunstdünger.
Ist der Boden nährstoffarm, kann er dafür sorgen, dass die Pflanze schlecht wächst oder ihr Wachstum komplett einstellt. Auch die Früchte reifen nicht ordentlich heran. Außerdem können zu wenige Nährstoffe dafür sorgen, dass mehr männliche Blüten gebildet werden. Um dies zu umgehen, wird nach Möglichkeit vor dem Pflanzen Kompost eingearbeitet. Danach kann gedüngt werden. Auch hierzu ist Kompost möglich. Ersatzweise dürfen einmal pro Woche Flüssigdünger, etwa Brennnesseljauche mit Urgesteinsmehl, gegeben werden. Kunstdünger ist wiederum weniger ratsam. Immerhin führt er manchmal zu einer Überdüngung und verhindert die Kalziumaufnahme. Des Weiteren fördert er bei Zucchini-Pflanzen das Blattwachstum. Die Bildung der Zucchini-Früchte verbessert Kunstdünger aber nicht.

-sortenunreines Saatgut.
Im Handel erworbenes Saatgut ist meist kontrolliert und sortenecht. Bei selber gezogenem Zucchini-Samen ist dies nicht so. Vor allem Laien begehen oft Fehler

bei der eigenen Zucchinisamen-Gewinnung. Zum Beispiel werden einfach die Kerne großgewachsener Zucchini im Frühjahr eingepflanzt. Dann besteht die Gefahr, dass es bei der Befruchtung der Mutterpflanze zu einer Vermischung verschiedener Kürbisarten oder zu einer Rückkreuzung gekommen ist. Mehr Infos siehe: Seite 28 dieses Ratgebers („Zucchini-Pflanzen aus eigenem Samen - (k)eine gute Idee").

-zu späte Ernte.
Wer seine Zucchini erst spät erntet, riskiert unter anderem, dass ihr Aroma nachlässt und ihr Fruchtfleisch fest wird. Außerdem können überreife Früchte Bitterstoffe bilden. Ebenso verringert sich die Nachbildung weiterer weiblicher Blüten. Besser werden die Zucchini klein geerntet und die Pflanzen bilden dafür noch welche nach. Zudem sollten die letzten Zucchini vor den ersten Frösten im Herbst reingeholt werden.

Nicht immer ist der/die Hobbygärtner*in daran schuld, wenn Zucchini-Pflanzen nicht ordentlich wachsen oder die Früchte nicht gut gebildet werden. **Es gibt auch Umwelteinflüsse, welche eine gute Ernte erschweren.** Gemeint sind etwa:

-große Temperaturschwankungen und Luftfeuchtigkeitsschwankungen.
Diese sorgen für Bitterstoffe in den Früchten.

-Pilzerkrankungen (z. B.: Mehltau).

Pilzerkrankungen bei Zucchini-Pflanzen können verschiedene Ursachen haben. Unter anderem können sie für einen bitteren Geschmack des Zucchinos sorgen.

-Kühle.
Durch kühle Temperaturen entsteht eine geringere Befruchtungschance, weil weniger Insekten fliegen.

-insektenarme Gegend.
Bei Insektenmangel ist die Befruchtung geringer. Hier muss entweder mit der Hand bestäubt werden oder es gilt, Insekten anzulocken.

-Schwüle oder zu große Hitze.
Schwüles oder zu heißes Wetter birgt die Gefahr, dass die Fruchtbarkeit der Pollen sinkt. Auch können die Pollen verkleben und gelangen nicht in die weibliche Blüte. Die Blüte wird dann irgendwann gelb und fällt ab. Ist das der Fall, kann zuvor eine Bestäubung per Hand mit einem Pollenpinsel versucht werden. Des Weiteren ist Hitze oft dafür verantwortlich, wenn kleine Zucchini an ihrer Spitze faulen.

Krankheiten und Schädlinge beim Zucchino
Zucchini-Pflanzen können verschiedene Krankheiten und Schädlinge bekommen. Diese lassen das Gewächs eingehen oder verringern die Ernte.

Bakterien: bakterielle Weichfäule:
Über das Bakterium:

Das Bakterium Pectobacterium carotovorum ist oft der Auslöser dieser Erkrankung. Es ist weit verbreitet, lebt im Boden und dringt durch Fraßschäden oder andere Wunden in eine Pflanze ein. Verbreitet wird das Bakterium durch Regen oder Spritzwasser.

Mögliche Symptome:
-junge Zucchini sind weichfaul, weil sich ihr Fruchtfleisch zersetzt,
-Zucchinihaut erscheint noch ganz,
-Blütenansatzstellen faulen als Erstes.
-Geruch nach verfaultem Fruchtbrei.

Was hilft vielleicht dagegen? Oder vorbeugend?
-befallene Zucchini entfernen und im Restmüll entsorgen,
-Pflanzenoberfläche trocken halten, also wurzelnah gießen.

Bakterien: Eckige Blattfleckenkrankheit:
Über das Bakterium:
Verursacht wird die Erkrankung durch das Bakterium Pseudomonas syringae pv. Lachrymans. Übertragen wird das über befallene Pflanzenteile auf dem Boden oder durch verunreinigtes Saatgut. Das Bakterium dringt über Wunden in eine Pflanze ein. Wärme von +24 bis +28 °C und eine regelmäßige Blattnässe fördern dies.

Mögliche Symptome:
-am Anfang gelbe und unregelmäßige Blattflecken,

-im Fortschritt: Braunfärbung und Zusammenfließen dieser gelben Flecken, Trocknung der Flecken, Einreißen der Blattränder und Herausfallen des Blattgewebes.
-Früchte mit dunklen, weichen und wässrigen Flecken sowie einem weißen Zentrum mit austretendem Bakterienschleim.
-austretender Bakterienschleim bei Tau und hoher Luftfeuchtigkeit.
-Faulen betroffener Zucchini.

Was hilft vielleicht dagegen? Oder vorbeugend?
-Befallene Pflanzen entfernen und im Hausmüll zu entsorgen,
-die Pflanzenoberfläche trocken zuhalten,
-auf befallenen Flächen eine Anbaupause von mindestens 3 Jahren einzuhalten,
-regelmäßig für Fruchtwechsel zu sorgen,
-resistente Sorten anzubauen.

Pilzerkrankung: Brennfleckenkrankheit:
Über den Pilz:
Es handelt sich hierbei um einen Schlauchpilz. Die Verbreitung erfolgt über Wind, Regen, befallenes Saatgut oder alte Pflanzenteile. Aus seinen Sporen wächst vor allem bei 26 bis 32 °C der Pilz.

Mögliche Symptome:
-runde, große, braune Flecken mit einem dunklen Rand auf den Blättern.

Was hilft vielleicht dagegen? Oder vorbeugend?
-betroffene Zucchini-Pflanzen im Hausmüll entsorgen.
-Fruchtwechsel oder Anbaupause vor mehreren Jahren.

Pilzerkrankung: Echter Mehltau:
Über den Pilz:
Es gibt Echten Mehltau und Falschen Mehltau. Beides sind Pilzerkrankungen, die auch eine Zucchini-Pflanze bekommen kann. Der Echte Mehltau wird von den Pilzarten Sphaerotheca fuliginea als auch Erysiphe cichoracearum verursacht. Sie können gleichzeitig oder einzeln die Pflanze befallen. **Vor allem bei Trockenheit und Hitze treten sie auf.**

Mögliche Symptome:
-die Blattoberseite bekommt einen mehlig-weißlichen und abwischbaren Belag. **Achtung: Mehltau darf nicht verwechselt werden mit naturweißen Blattzeichnungen mancher Zucchini-Arten.** In diesem Fall ist der Belag nicht abwischbar und es ist wohl kein Echter Mehltau.

Was hilft vielleicht dagegen? Oder vorbeugend?
-regelmäßig Unkraut entfernen,
-betroffene Teile entfernen und im Hausmüll entsorgen,
-resistente Sorten nutzen,
-Neem,
-ein ausreichender Pflanzabstand,
-Gesteinsmehl,
-Netzschwefel-Präparate,

-Jauchen und Mischungen wie: Milch-Wasser-Mischung, Natron-Wasser-Mischung, Backpulver-Wasser-Mischung, Backpulver-Rapsöl-Wasser-Mischung/Natron-Rapsöl-Wassermischung, Rapsöl-Wasser-Mischung (ohne Backpulver), Knoblauchsud, Joghurt-Wasser-Gemisch, Knoblauchzwiebeljauche, Schachtelhalmjauche.

In der Regel sind die Zucchini-Früchte von den Pilzen nicht betroffen. Sie können also meist verzehrt werden. Zu bedenken ist aber, dass die Erntemenge abnimmt.

<u>Pilzerkrankung: Falscher Mehltau:</u>
Über den Pilz:
Zucchini-Pflanzen können bei **feuchtem Wetter** Falschen Mehltau bekommen. Der Befall kann auch entstehen, wenn beim Gießen immer wieder die Blätter nass gemacht werden und sie nicht gut trocknen können.

Mögliche Symptome:
-blassgelbe Flecken auf der Blattoberseite, welche immer gelber werden,
-Flecken werden von den Blattadern begrenzt,
-rot-brauner Überzug auf der Blattunterseite,
-bei starkem Befall: Braunfärbung und Absterben der Blätter.

Was hilft vielleicht dagegen? Oder vorbeugend?
-die Pflanze wurzelnah zu gießen,

-nicht in einem Gewächshaus zu kultivieren, anderenfalls auf eine gute Durchlüftung zu achten,
-mit Schachtelhalmjauche zu gießen,
-chemische Mittel,
-befallene Teile auszubrechen und im Restmüll entsorgen.

Die Zucchini-Früchte werden oft nicht befallen. Sie sind essbar. Allerdings nimmt die Menge ab.

Pilzerkrankung: Fusarium oxysporum f. sp. cucumerinum (Welken):
Über den Pilz:
Fusarium oxysporum f. sp. cucumerinum ist ein Gefäßpilz, der die Zucchini-Pflanze befällt und in den Leitungsbahnen aufwärts wächst.

Mögliche Symptome:
-anfangs Welken der Pflanze trotz regelmäßiger Wassergabe,
-später Wurzelfäule,
-brauner und rissiger Stängelgrund,
-Stängel färbt sich manchmal rosa,
-zum Schluss: brauner und verstopfter Stiel.

Was hilft vielleicht dagegen? Oder vorbeugend?
-Pflanze komplett entfernen und im Hausmüll entsorgen,
-alle Werkzeuge desinfizieren.

Pilzerkrankung: Grauschimmel:
Über den Pilz:

Blätter und Früchte können beim Zucchino von Botrytis cinerea befallen werden. Es ist der Pilz, der den Grauschimmel auslöst. Vor allem begünstigen Temperaturen von 22 bis 25 °C sowie wenig Licht und eine andauernde hohe Luftfeuchtigkeit seine Entwicklung. Die Verbreitung des Botrytis cinerea erfolgt über Wind und Spritzwasser. Der Pilz verhindert, dass die Oberflächen abtrocknen. Allerdings kann er nur sesshaft werden, wenn Pflanzenteile vorher schon geschädigt wurden. Die Schäden kamen etwa durch Fraßspuren von Schnecken.

Mögliche Symptome:
-Braunwerden der Pflanzenteile,
-mausgrauer und samtiger Belag auf Blättern, Blüten und Früchten.

Was hilft vielleicht dagegen? Oder vorbeugend?
-alles Befallene entfernen und im Restmüll entsorgen,
-Pflanzen wurzelnah gießen,
-Fungizide,
-ein großer Pflanzabstand.

Pilzerkrankung: Gummistängelkrankheit:
Über den Pilz:
Pilzsporen des Didymella bryoniae werden durch Regen, Wind und Spritzwasser verbreitet oder sitzen an alten Pflanzenteilen oder Samen. Später dringt der Pilz etwa durch Wunden in die Zucchini-Pflanze ein. Bei feuchtem Wetter sowie hoher Luftfeuchtigkeit entwickelt sich Didymella bryoniae besonders gut.

Mögliche Symptome:
-Pflanze welkt,
-graubraune Flecken an dem Stängel, den Blättern und Blattstielen adulter Pflanzen,
-dunkle Pilzkörper auf graubraunen Flecken,
-Gelbfärbung und Absterben der Blätter.

Was hilft vielleicht dagegen? Oder vorbeugend?
-eine niedrige Luftfeuchtigkeit (bei Anbau im Gewächshaus also gut lüften),
-gleichmäßiges Gießen,
-angemessen düngen,
-betroffene Pflanzenteile entfernen und im Restmüll entsorgen,
-Bodenbearbeitungen,
-der Einsatz von Fungiziden,
-regelmäßiger Fruchtwechsel bzw. jahrelange Anbaupause.

<u>Pilzerkrankung: Wurzelfäule:</u>
Über den Pilz:
Wurzelfäule kann durch den Pilz Phytophthora ausgelöst werden. Dieser sitzt auf den abgestorbenen Pflanzenstücken. Bei +10 bis +28 °C entwickelt sich Wurzelfäule am besten. Seine Pilzsporen setzt er in die Erde und sie keimen. Nun stecken die Pilzsporen die Pflanzen-Wurzeln an. Außerdem gerät der Erreger durch Wunden in die Pflanze.

Was hilft vielleicht dagegen? Oder vorbeugend?
-Staunässe vermeiden,
-pH-Wert muss stimmen,

-mindestens 3 Jahre Anbaupause auf betroffenen Feldern.

Pilze und Bakterien: Keimlingskrankheiten:
Über die Pilze und Bakterien:
Als Keimlingskrankheiten zählen gleich mehrere Krankheiten, bei denen Pilze und Bakterien als Verursacher auftreten. Sie befinden sich im Boden, werden durch Gießwasser übertragen, sitzen an Pflanzenresten, werden durch verunreinigte Samen eingeführt oder haften an nicht desinfizierten Arbeitsgeräten. Bei Hitze, hoher Luftfeuchtigkeit oder Luft-mangel gehen sie auf Keimlinge über.

Mögliche Symptome:
-Saat geht zu verschiedenen Zeiten auf,
-Keimlinge sterben ab.
-schwarze Farbe oder glasige Ansicht am unteren Stängelteil (manchmal),
-weiße bis graue Striche um die Keimlinge herum (ähnlich wie Spinngewebe),
-Einschnürungen und wässrige Stellen an den Keimlingen.

Die meisten Keimlinge, welche betroffenen sind, gehen früh ein. Überleben sie, werden sie zu spärlichen und verkümmerten Pflanzen.

Was hilft vielleicht dagegen? Oder vorbeugend?
-hygienisch saubere Arbeitsgeräte und Aufbewahrungsorte,
-große Erdklumpen zerbrechen,

-Gartenerde sterilisieren oder nur gekaufte Anzuchterde zum Aussäen nutzen.

Schädlinge: Blattläuse:
Über den Schädling:
Zucchini haben nur selten Blattläuse. Meist gehen die Schädlinge an junge Pflanzen. Erkennbar sind die 2 bis 4 mm großen Tierchen als grüne, gelbe, schwarze oder rote Punkte. Zudem wird klebriger Honigtau von den Blattläusen ausgeschieden. Auf ihn können sich Schwärzepilze ansiedeln. Folgend sind weitere Erkrankungen möglich. Außerdem können Blattläuse an sich auf die Zucchini-Pflanze andere Krankheiten übertragen.

Mögliche Symptome:
-sichtbare Läuse,
-verformte oder verkrümmte Blätter,
-Wachstumseinschränkung der Blätter,
-sichtbarer Honigtau auf der Blattoberfläche,
-sichtbare Hüllen vom Häuten an der Blattunterseite (Blattläuse durchlaufen 4 Larvenstadien, häuten sich nach jedem und die Hüllen verbleiben am Blatt).

Was hilft vielleicht dagegen? Oder vorbeugend?
-ein stickstoffarmer Boden,
-Insektizide,
-natürliche Feinde wie Marienkäfer, Spinnen, Schwebfliegenlarven, Florfliegenlarven, Raubwanzen, Ohrwürmer, Schlupfwespen, Blumenwanzen, Singvögel, Heupferde und Gallmücken,

-großzügige Rückschnitte der befallenen Pflanzenstücke und die Entsorgung im Hausmüll,
-verschiedene Mischungen und Jauchen: Kali-Seifenlauge, Oregano-Wasser-Gemisch, Knoblauchsud, Milch-Wasser-Mischung, Zwiebelsud, Brennnesseljauche, Rapsöl-Wasser-Mischung, Spülmittel-Wasser-Mischung, Essig-Gemisch, Kartoffelwasser und schwarzer Tee.

Schädlinge Drahtwürmer:
Über den Schädling:
Die Larven der Schnellkäfer heißen Drahtwürmer. Sie sind 20 - 25 mm lang, mit einem gelbbraunen Körper und einem braunen Kopf. Die Larven brauchen den Pflanzennektar, um sich zu ernähren. Zu Beginn ziehen die Drahtwürmer ihn aus alten pflanzlichen Resten. Später gehen sie an junge Teile heran.

Mögliche Symptome:
-Fraßspuren an Jungpflanzen oder Wurzeln,
-komplett abgefressene Pflanzen oder Wurzeln,
-welkende Pflanzen,
-Fraßgänge und Löcher im Gemüse,
-faserartige und gelbe Pflanzenbasis.

Was hilft vielleicht dagegen? Oder vorbeugend?
-Samen nicht zu tief säen,
-keinen frischen Stallmist auf der Erde lassen (sondern eingraben. Hierin können sonst Eier abgelegt werden.),

-Erdboden mehrfach bearbeiten. (Somit werden Larven eventuell vernichtet und eine neue Eiablage verhindert).

Schädlinge: Erdraupen:
Über den Schädling:
Es sind kleine Larven von verschiedenen Eulenfal-tern (spezielle Schmet-terlinge). Sie sind braun, grau oder grau-braun und 40 bis 50 mm groß.

Oben: Eulenfalter verschiedener Arten

Zu Beginn befinden sich die Raupen auf der Blattunterseite, wo sie schlüpfen. Am Anfang sind sie auch am Tag aktiv, später nur nachts und bei Dämmerung.

Mögliche Symptome:
-eventuell sichtbare Schädlinge,
-Fraußränder an Blättern,
-Löcher in Blätter,
-verschwundene Keimlinge,
-Gelbfärbung der Pflanze,
-welkende und sterbende Gewächse.

Was hilft vielleicht dagegen? Oder vorbeugend?
-Insektizide,
-Schlupfwespen,
-ein fester Erdboden,
-gleichmäßiges Bewässern.

Schädlinge: Japankäfer:

Über den Schädling:

Japankäfer werden bis 12 mm lang. Ihre Flügeloberseite ist metallisch-kupfern und der Kopf gold-grün. Zudem besitzt er weiße Haarbüschel (je 5 kleine links und rechts am Hinterleib und 2 größere mittig am Hinterleib). Mit den Haarbüscheln können  Japankäfer von Juni- oder Gartenlaubkäfern unterschieden werden. Schädlich sind Japankäfer, weil sie die Pflanzenblätter, Blüten und Früchte anfressen.

Mögliche Symptome:
- Braunfärbungen und Abfallen von Blättern, Blüten oder Früchten,
- Fraßspuren.

Was hilft vielleicht dagegen? Oder vorbeugend?
- Pflanzen und den Boden überwachen,
- mechanische Bodenauflockerungen im Frühherbst mit Larvenzerstörung,
- Bewässerung in der Hauptflugzeit (Mai bis Juni) an allen nicht bepflanzten Stellen vermeiden (so gibt es weniger Eiablageplätze),
- hohe Wiesen,
- gegen die Larven Bakterien, parasitische Nematoden oder entomopathogene Pilze einsetzen,
- Nützlinge wie Vögel, Spitzmäuse, Maulwürfe, Laufkäfer und Rollwespen,

-Absammlung per Hand,
-Lockstofffallen aufstellen.
Ein Befall des Japankäfers sollte dem Pflanzenschutzdienst mitgeteilt werden.

Schädlinge: Minierfliege:
Über den Schädling:
Minierfliegen sind 1 bis 3 mm groß. Ihre Farbe ist schwarz, manchmal haben sie einen gelben Rücken. Die weiblichen Fliegen stechen mit ihrem Bohrer in die Blätter. Dann legen die Minierfliegen die Eier hinein. Die Maden fressen sich nach dem Schlupf durch das Blatt. Auch können über die Fliege andere Krankheiten übertragen werden. Vor allem junge Zucchini-Pflanzen sind in Gefahr.

Mögliche Symptome:
-erkennbare Fraß- und Saugpunkte,
-Schwäche und Absterben der Pflanze,
-Wuchsverzögerungen der Pflanze.

Was hilft vielleicht dagegen? Oder vorbeugend?
-Kulturschutznetze mit einer Maschenweite von 0,85 mm zu nutzen,
-Insektizide,
-Fressfeinde wie Schlupfwespen, Erdwespen und Brackwespen,
-betroffene Pflanzenteile entfernen.

Schädlinge: Schermaus/Große Wühlmaus:
Über den Schädling:

Die Große Wühlmaus kann bis zu 18 cm an Größe bekommen. Das Fell der Wühlmaus ist hell- bis dunkel-braun. Der Mäuseschwanz hat etwa die halbe Körperlänge. Zucchini-Pflanzen (und anderen Gewächsen) schaden sie, weil sie die Wurzeln anfressen.

Mögliche Symptome:
-Fraßrillen an den Wurzeln,
-leichtes Herausziehen der Pflanzen aus dem Boden,
-Pflanzen welken.

Was hilft dagegen? Oder vorbeugend?
-Fressfeinde wie Eulen und Greifvögel,
-Boden im Herbst und Winter gut bearbeiten,
-Lebendfallen.

Schädlinge: Schnecken:
Über den Schädling:
Schnecken fressen vor allem gern Jungpflanzen. Jedoch vertilgen sie auch Pflanzenteile, die unterhalb der Erde sind.

Mögliche Symptome:
-sichtbare Schleimspuren,
-sichtbare Fraßstellen,
-Anblick der Schnecken (besonders bei feuchtem Wetter),
-schlechte oder keine Keimung (weil der Samen von Schnecken gefressen wurde).

Was hilft vielleicht dagegen? Oder vorbeugend?
-regelmäßige Bodenauflockerungen (damit werden Schneckeneier zerstört),
-wenig mulchen (wenn die Pflanzen älter sind, kann etwas mehr gemulcht werden),
-eine gute Humusversorgung,
-ein Schneckenzaun oder ein Schneckenkragen,
-regelmäßige Unkrautentfernung (sonst wirken sie wie eine Mulchschicht),
-eine Drainage,
-Kaffeesatz verstreuen (er wirkt für die Schnecken giftig),
-Kalk oder Sägemehl verstreuen (aber nicht den Boden damit überlasten),
-Fressfeinde wie Igel, Laufenten, Spitzmäuse, Singdrossel, Weinbergschnecken (weil sie die Eier von Nacktschnecken fressen), Steinläufer, Tigerschnegel (weil sie andere Schnecken fressen) Frösche, Erdkröten, Blindschleichen, Goldlaufkäfer und Molche,
-die Tiere per Hand ablesen,
-Nematodem (Fadenwürmer)
-Molluskiziden (chemische Vernichtungsmittel).

Schädlinge: Spinnmilben:
Über den Schädling:
Sie werden etwa 0,5 mm groß und sind gelb bis rot. Am Kopf ist eine Speicheldrüse, mit der Spinnweben hergestellt werden. Die Tiere können geschlüpft oder im Ei überwintern. Zucchini- und anderen Pflanzen schaden sie, indem sie an den Blättern saugen. Vor allem bei Wärme und Trockenheit treten diese Schädlinge auf.

Mögliche Symptome:
-helle und immer größer werdende Punkte an Blättern,
-Absterben der Blätter,
-Braunfärbung der Blätter,
-weiße Spinnweben auf den Blattunterseiten und Stängeln mit ausgewachsenen Spinnmilben, Kot und Eiern.

Was hilft vielleicht dagegen? Oder vorbeugend?
-Erhöhung der Luftfeuchtigkeit durch Wasser,
-Insektizide,
-alles Befallene entfernen und im Restmüll entsorgen,
-Nützlinge wie Marienkäfer, Raubmilben, Raubwanzen, Blumenwanzen, Gallmücken, Larven der Florfliege und Larven der Schwebfliege,
-Hausmittel wie Schachtelhalmjauche, Brennnesseljauche, Rapsöl-Wasser-Mischung oder Zwiebel-Knoblauchsud.

Schädlinge: Thripse:
Über den Schädling:
Die braungelben oder schwarzen Thripse mit ihrem faltbaren Haftorgan an ihren Füßen sind mit 0,8 bis 2 mm kaum sichtbar. Je nach Art können Thripse Flügel oder keine Flügel haben. Im Larvenstadium besitzen sie eine hellere Färbung, wie als adulte Wesen. Die Thripseverbreitung erfolgt durch Wind. Die Schäden an den Pflanzen entstehen durch das Mundwerkzeug. Mit ihm wird aus der Zelle der Saft ausgesaugt. Dies kann an Samenanlagen, Blättern, Fruchtknoten oder Blüten geschehen.

Mögliche Symptome:
-sichtbare, silbern glänzende Schäden mit anschließender Braunverfärbung,
-Kotkugeln an den Blattunterseiten,
-Absterben betroffener Stellen.

Was hilft vielleicht dagegen? Oder vorbeugend?
-Kulturschutznetze (reduzieren die Befallwahrscheinlichkeit, halten die Thripse aber nicht komplett fern),
-Insektizide,
-Nützlinge wie Larven der Florfliege, Blumenwanzen Raubwanzen, Nematoden oder Raubmilben,
-Hausmittel wie Brennnesseljauche, Knoblauchsud oder Spülmittel-Öl-Wasser-Lauge.

Schädlinge: Weiße Fliege/Mottenschildläuse:
Über den Schädling:
Mottenschildläuse heißen auch Weiße Fliege, weil sie auf ihrem Körper einen weißen Wachsstaub haben. Ihre Größe liegt bei 1-2 mm. Mit ihrem stechenden Mundwerkzeug können sie Pflanzen aussaugen. Dazu setzen sich die Tiere an die untere Blattseite. Sie saugen den Pflanzennektar direkt aus den Leitungsbahnen. Damit entziehen sie den Zucchini-Pflanzen wichtige Stoffe. Auch hinterlassen sie Honigtau, der die Blätter verklebt. Zudem zieht der Honigtau andere Schädlinge an. Des Weiteren können Mottenschildläuse Krank-heiten auf die Pflanze übertragen.

Mögliche Symptome:
-sichtbarer Honigtau,
-vergilbte, trockene bzw. abfallende Blätter,

-weiße Punkte auf Blattunterseite,
-Wachsschicht auf Blattunterseite,
-bei Bewegung (etwa durch Wind) Auffliegen der adulten Tiere,
-sichtbare Infektion mit anderen Schädlingen oder Pilzen.

Was hilft vielleicht dagegen? Oder vorbeugend?
-alte Pflanzenteile entfernen,
-Fressfeinde wie Schlupfwespen, Raubwanzen, Marienkäfer, Blumenwanzen und Raubmilben fördern,
-Insektizide,
-gelbe Leimtafeln,
-Hausmittel wie Brennnesseljauche, Rapsöl-Wasser-Mischung, Knoblauchsud, Kali-Seifenlauge,
-Abwehrpflanzen wie Basilikum, Thymian, Kapuzinerkresse, Lavendel, Bohnenkraut, Sellerie, Kornblumen, Ringelblumen oder Studentenblumen.

Schädlinge: Wurzelfliegen:
Über den Schädling:
Wurzelfliegen haben eine Größe von 4 bis 5 mm und ähneln Stubenfliegen. Ihre Larven schlüpfen aus Eiern und fressen sich gleich in die Pflanzenblätter. Während ihrer verschiedenen Larvenstadien ziehen sich die Wurzelfliegen sich mehr und mehr in die Erde. In ihr verpuppen sich die Wurzelfliegen-Larven und überwintern. Welche Pflanzenteile hauptsächlich unter ihnen leiden, hängt von der Art ab.

Mögliche Symptome:
-abgefressene Keimblätter,

-abgefressene Triebspitzen,
-langsames Wachstum.

Was hilft vielleicht dagegen? Oder vorbeugend?
-erkrankte Pflanzen entfernen,
-Kulturschutznetze,
-keine Ausbringung organischen Düngers kurz vor der Aussaat,
-Vorfrucht hatte keine Wurzelfliege.

Virus: Gelbfleckenkrankheit/Gurkenmosaikvirus:
Über das Virus:
Die Übertragung kann durch befallene Pflanzenreste, infizierte Geräte, infizierte Samen oder Schädlinge geschehen.

Mögliche Symptome:
-gelbe mosaikartige Flecken an den Blättern,
-gelbe mosaikartige Flecken an Früchten,
-Verformungen der Blätter,
-Verformungen der Früchte,
-Pflanze geht zusammen.

Was hilft vielleicht dagegen? Oder vorbeugend?
-Unkrautentfernung,
-virusfreies Saatgut.

Ist eine Pflanze einmal befallen, muss sie im Restmüll entsorgt werden.

Virus: Zucchinigelbmosaikvirus:
Über das Virus:

Das Zucchinimosaikvirus wird oft auch Gurken-, Melonen- oder nur Mosaikvirus genannt. Es verbreitet sich über Blattläuse, nicht desinfizierte Arbeitsgeräte und befallene Samen.

Symptome:
-Pflanzen welken,
-Fruchtansätze sind verdreht,
-junge Zucchini platzen auf,
-Deformationen und Wölbungen an älteren Früchten,
-klein bleibende Blätter,
-gelbe Stellen,
-hell erscheinende Blattadern,
-geringer Ertrag.

Was hilft vielleicht dagegen? Oder vorbeugend?
-betroffene Pflanzen entfernen und sie im Hausmüll entsorgen,
-keine Wirtspflanze für das Virus mehr anbauen,
-resistentes Saatgut,
-hygienisch saubere Arbeitsgeräte nutzen und sie an sauberen Orten aufbewahren,
-Maßnahmen gegen Blattläuse,
-Gesteinsmehl,
-Neem,
-Düngung mit Brennnesseljauche.

Würmer: Nematoden:
Über die Würmer:
Farblose oder weiße Fadenwürmer heißen Nematoden. Sie können je nach Art verschiedene Bereiche einer Pflanze betreffen. Manchmal können sie nützlich sein,

etwa gegen Schnecken. Andere Male können Nematoden eine Plage sein.

Mögliche Symptome:
-Pflanzen welken,
-Pflanzen wachsen weniger,
-schwarze Verfärbungen am Stängel,
-Vergilbungen, Geschwülste an der Wurzel, Wurzelverdickungen, zu starke Verzweigungen oder Zysten,
-geschwollener Stängel,
-Fäulnis.

Was hilft vielleicht dagegen? Oder vorbeugend?
-gesundes, resistentes Saatgut,
-wechselnde Fruchtfolge, gern auch mit Nichtwirtspflanzen,
-gute Unkrautbekämpfung,
-Fangpflanzen, etwa Ölrettich,
-Erde sterilisieren,
-Nematizide,
-Pilze,
-Bakterien.

<u>Wieso kranke Zucchini-Pflanzen nicht auf den Kompost geben?</u>

Kranke Pflanzen und Pflanzenteile sollen nach Möglichkeit im Hausmüll entsorgt werden. Dafür, dass sie nicht auf den Kompost oder in den Biomüll kommen dürfen, gibt es einen wichtigen Grund. Denn hier können Pilze und Viren überleben.

Sobald ein neues Gewächs mit dem Humus gedüngt wird, können die Krankheiten erneut ausbrechen.

Mittel gegen Krankheiten und Schädlinge selber machen

Gegen Zucchini-Krankheiten und Schädlinge gibt es etwa Insektizide und andere chemische Pflanzenschutzmittel zu kaufen. Allerdings können viele Mittel für die Krankheits- und Schädlingsbekämpfung auch selber gemacht werden. Damit wird nicht nur Geld gespart, sie sind oft auch umweltverträglicher.

Backpulver-Rapsöl-Wasser-Mischung/Natron-Rapsöl-Wasser-Mischung/Backpulver-Wasser-Mischung/Natron-Wasser-Mischung:
Natron ist Natriumhydrogencarbonat und ein Bestandteil von Backpulver. Es ist ein weißes Pulver, welches es in Apotheken und Drogerien gibt und gegen manchen Pilz bei Zucchini hilft. Wer kein Natron bekommt, kann ersatzweise Backpulver verwenden. Für die Mischung werden 2 TL Natron sowie 1-2 Liter Wasser und 1 TL Rapsöl vermischt. Wer kein Rapsöl besitzt, kann dies aber im Notfall auch weglassen. Danach werden die befallenen Pflanzenstücke hiermit eingesprüht.

Brennnesselbrühe/Brennnesseljauche:
Um Brennnesselbrühe herzustellen, werden 200 Gramm Brennnesseln für 48 Stunden in 1 Liter Wasser gelegt. Nun kann sie versprüht werden.

Bleibt die Brühe länger stehen, wird aus ihr eine stark riechende Flüssigkeit, die Brennnesseljauche. Sie muss 1:10 mit Wasser verdünnt und danach vergossen werden. Das Gießen sollte nicht bei starker Sonne geschehen. Dann könnte die Jauche die Zucchini-Pflanzen verbrennen.

Essig-Gemisch/Essigessenz:
Essigessenz kann manchen Schädling vermeiden und kann selber hergestellt oder gekauft werden. Zum Selbermachen wird 100 ml purer Essig in einem Eimer mit 1 Liter Wasser gegeben und vermischt. Der Essigessenz bzw. das Essig-Gemisch kommt anschließend in eine Sprühflasche oder in eine Gießkanne. Die Pflanze wird damit (mehrmals) gegossen oder eingesprüht.

Kartoffelwasser:
Kartoffelwasser wird gewonnen, indem Kartoffeln gekocht werden. Es liefert den Zucchini-Pflanzen einige Nährstoffe und hilft gegen einige Schädlinge. Wichtig ist, dass die Kartoffeln hierfür ohne Salz und ohne Schale gekocht werden. Zudem sollten nur Knollen infrage kommen, welche keine grünen Stellen besitzen. Das Wasser wird nun vergossen.

Knoblauchjauche/Zwiebeljauche/Knoblauchzwiebeljauche/Knoblauchsud/Zwiebelsud/Knoblauch-Zwiebel-Sud:
Sie hilft gegen Pilzerkrankungen. Zur Herstellung werden 250 Gramm gehackte Knoblauchzehen und/ oder Zwiebeln und ihr Laub mit etwa 5 Liter Wasser an-

gesetzt. Nach einigen Stunden Ziehzeit wird die Jauche 1:5 mit Wasser verdünnt und vergossen. Soll sie versprüht werden ist eine Verdünnung von 1:10 angemessen.

Milch-Wasser-Mischung/Joghurt-Wasser-Mischung:
Milch und Molke besitzen Milchsäurebakterien, welche manchen Pilz vernichten können. Für die Anwendung werden 100 ml Milch (nach Möglichkeit nicht pasteurisiert und nicht homogenisiert) mit 900 ml Wasser vermischt, also 1:9. Wem dies zu dünn ist, kann auch etwas mehr Milch nehmen. Danach werden die erkrankten Zucchini-Pflanzen täglich, damit eingesprüht. Wer keine Frischmilch besitzt, kann ersatzweise Naturjoghurt verwenden. Er wird im gleichen Verhältnis verdünnt und alle 3 Tage versprüht.

Oreganosud/Oregano-Wasser-Gemisch:
Für die Herstellung werden 10 Gramm trockener Oregano mit 1 Liter kochendem Wasser aufgegossen. Danach muss alles abkühlen. Folgend wird der Oreganosud mit Wasser verdünnt. Im Verhältnis von 1:3 kann die Pflanze damit eingesprüht werden.

Rapsöl-Wasser-Mischung:
Rapsöl ist ein natürliches Insektizid. Gemischt mit Wasser kann das Öl gegen verschiedene Insekten und deren Eier und Larven genutzt werden. Rapsöl-Wasser-Mischungen gibt es im Baumarkt oder Gartencenter zu kaufen. Der Öl-Wasser-Mix kann auch selber gemacht werden. In diesem Fall wird am besten nur so viel angemischt, wie benötigt wird und es bei jeder

weiteren Behandlung neu angerührt. Beim Selbermachen werden einfach 30 % Rapsöl und 70 % Wasser in eine Sprühflasche gegeben und vermischt. Es kann auch mehr Wasser sein, wenn die Mischung dünner sein soll.

Schachtelhalmjauche:
Gebraucht werden auf 150 Gramm getrocknetem oder 1 kg frischem Ackerschachtelhalm 10 Liter Wasser, gern Regenwasser. Wird eine größere oder eine kleinere Menge benötigt, können die Werte gern angeglichen werden. Der Ackerschachtelhalm kommt in ein Gefäß aus Holz oder Kunststoff. Metallgefäße sind eher wenig geeignet. Das Kraut wird mit dem Wasser übergossen und alles zieht 24 Stunden durch. Danach muss die Jauche für rund 30 Minuten gekocht und anschließend abgesiebt werden. Somit löst sich die Kieselsäure auf. Folgend wird diese Säure mit Wasser 1:5 verdünnt. Alle 2-3 Wochen werden die Pflanzen mit der Jauche vormittags gegossen. Dabei sollten die Wurzeln und Blätter nicht benetzt werden und die Gabe nicht bei voller Sonne erfolgen. Je nach Erkrankung kann die Jauche auch als Spritzmittel genutzt werden. Dann werden die betroffener Bereiche mit ihr eingesprüht.

Kali-Seifenlauge mit oder ohne Alkohol:
Kaliseife, Kernseife oder auch Schmierseife ist ein gutes Mittel gegen manche Schädlinge. Weil sie keine Farb- und Duftstoffe besitzt, schädigt sie zudem nicht die Pflanzen. Für die Verwendung werden 50 Gramm der Seife in 1 Liter warmes Wasser gegeben. Abge-

kühlt kommt die Lösung in eine Sprühflasche und wird auf die Zucchini-Pflanzen gesprüht. Bei einem starken Befall können noch 1-2 EL Spiritus oder Alkohol beigemischt werden. Damit erhöht sich die Wirkung.

Schwarzer Tee:
Schwarztee besitzt Gerbstoffe, welche Schädlinge vernichten. Damit er genutzt werden kann, muss 1 Teebeutel in 250 ml Wasser aufgekocht werden. Nach 15 Minuten Zieh- und Abkühlungszeit kann er versprüht werden.

Spülmittel-Wasser-Mischung:
Hierzu werden 10 ml schonendes Spülmittel mit 1 Liter kalten Wasser gemischt. Beides wird kräftig verrührt. Hat es sich verbunden, gelangt es in eine Sprühflasche. Einige Tage nach der ersten Anwendung kann eine weitere Nutzung (Mischung neu anrühren) sinnvoll sein.

Spülmittel-Öl-Wasser-Lauge:
Eine Lauge aus Spülmittel, Öl und Wasser kann gegen Schädlinge sein, welche dabei um ihr Leben kommen. Allerdings kann sie auch Nützlingen schaden und die Spaltöffnungen der Blätter verschließen. Die Spülmittel-Öl-Wasser-Lauge sollte darum nicht bei voller Sonne gegeben werden. Wer sie dennoch verwenden möchte, kann etwa 10 bis 20 ml Spülmittel mit 1 Liter Wasser und 10 ml Öl (etwa Rapsöl oder Olivenöl) verrühren. Danach kommt alles in die Sprühflasche und kann versprüht werden.

Nützlinge des Zucchinos

Eine natürliche Weise Schädlinge vorzubeugen sind Nützlinge. Zu den Nützlingen beim Zucchino gehören unter anderem:

Blindschleichen:
Als Nützlinge ernähren sie sich zum Beispiel von Nacktschnecken und Asseln.

Weitere Infos:
Blindschleichen verspeisen neben Schädlingen auch Nützlinge wie den Regenwurm. Zudem sind Blindschleichen nicht blind, wie manche Menschen es eventuell vom Namen ableiten.

Damit sich Blindschleichen verbreiten, benötigen sie:
-naturnahe Gärten mit Totholz, Kompost, Steinen,
-eine Wasserstelle.

Blumenwanzen:
Als Nützlinge ernähren sie sich zum Beispiel von Insekten wie Spinnmilben, Weiße Fliegen, Blattläusen und Thripsen.

Weitere Infos:
Blumenwanzen können ebenso Menschen stechen. Dann machen sie dies aber nicht aus Nahrungssuche, sondern weil sie sich bedroht fühlen. Die Stiche sind schmerzhaft und ihre Heilung kann lange dauern.

Damit sich Blumenwanzen verbreiten, benötigen sie:
-Verstecke und Überwinterungsplätze aus Totholz, Reisig, Steinen,
-Wärme,
-viele verschiedene Blütenpflanzen.

Erdkröten:
Als Nützlinge ernähren sie sich zum Beispiel von Nacktschnecken, Fliegen und weitere Tierchen.

Damit sich Erdkröten verbrei-ten, benötigen sie:
-einen naturnahen Teich mit Teichpflanzen,
-Unterschlüpfe aus Totholz, Steinen, in Teichnähe, an einem ruhigen Platz.

Florfliegenlarven:
Als Nützlinge ernähren sie sich zum Beispiel von Blattläusen. Vor allem im Larvenstadium verspeist jede Florfliege von bis zu 450 der Schädlinge.

Damit sich Florfliegen und ihre Larven verbreiten, benötigen sie:
-einen Verzicht auf chemische Pflanzenschutzmittel,
-einen Überwinterungskasten,
-einen Laubhaufen als Winterquartier,
-Laubgehölze und Blütenpflanzen.

Florfliegen, die sich ins Haus verirrt haben, nicht töten, sondern nach draußen oder in einen kühlen Raum bringen.

Frösche:
Als Nützlinge ernähren sie sich zum Beispiel von Schnecken, Fliegen, Asseln und anderen Tierchen.

Damit sich Frösche verbreiten, benötigen sie:
-naturnahe Gärten,
-hohe Wiesen,
-Laub, Äste und Steine,
-Laich- und Überwinterungsgewässer ohne Fische und mit einem breiten Ufer bei manchen Arten (Teich).

Gallmücken und Gallmückenlarven:
Als Nützlinge ernähren sie sich zum Beispiel von Blattläusen und Milben wie Spinnmilben.

Damit sich Gallmücken und Gallmückenlarven verbreiten, benötigen sie:
-einen leicht feuchten Boden,
-viele Blütenpflanzen (Blumenwiesen, Kräuterbeete, Stauden und so weiter).

Heupferde:
Als Nützlinge ernähren sie sich zum Beispiel von Blattläusen, Fliegen und anderen Insekten(-larven).

Damit sich Heupferde verbreiten, benötigen sie:
-Bäume, Sträucher,
-hohe Wiesen,
-naturnahe Gärten,
-einen Verzicht auf Insektizide.

Igel:
Als Nützlinge ernähren sie sich zum Beispiel von Schnecken.

Damit sich Igel verbreiten, benötigen sie:
-den Verzicht auf Schneckenkorn (an vergifteten Schnecken können Igel sterben),
-naturnahe Gärten mit Laubhaufen, Reisighaufen, Holz oder einem Igelhaus als Unterschlupf,
-den Verzicht auf undurchdringliche Zäune (Igel wandern herum, müssen das Grundstück gut betreten und verlasen können. Als Zaun eignen sich verschiedene Hecken oder Zäune mit Igeldurchgang)
-eventuell Zufütterung im Herbst und Frühjahr, aber ohne Milch,
-Wasserstellen mit sauberem Wasser.

Laufenten:
Als Nützlinge ernähren sie sich zum Beispiel von Schnecken.

Weitere Infos:
Bevor sich jemand Laufenten hält, sollte sich die

Person ausgiebig mit der Unterbringung, Ernährung, Pflege, dem Platzbedarf, dem finanzielle und zeitlichen Haltungsaufwand und vielem mehr beschäftigen.

Laufkäfer:
Als Nützlinge ernähren sie sich zum Beispiel von Schnecken, Würmern, Larven und Raupen. Laufkäfer, auch Goldlaufkäfer genannt, vernichten dabei mehr Schädlinge, wie sie fressen.

Damit sich Laufkäfer verbreiten, benötigen sie:
-ein Ruhgebiet aus flachen Steinen, Baumstümpfen,
-Totholz,
-Laub,
-bodennahe Hecken.

Marienkäfer:
Als Nützlinge ernähren sie sich zum Beispiel von Blattläusen. Jeder einzelne Käfer kann unter anderem bis zu 150 Blattläuse am Tag vertilgen. Meist nehmen die Larven mehr auf, die adulten Käfer etwas weniger. Auch fressen sie Spinnmilben, Wanzen und andere Insekten.

Damit sich Marienkäfer verbreiten, benötigen sie:
-eine gute Pflanzenvielfalt,
-Insektenhotels,
-Verstecke wie Laubhaufen,
-Verringerung der Fressfeinde wie Ameisen.
Es können auch Larven hinzugekauft werden.

Molche:
Als Nützlinge ernähren sie sich zum Beispiel von Stechmücken(-larven), Libellen(-larven), Wasserflöhen und Insekten.

Damit sich Molche verbreiten, benötigen sie:
-Laubhaufen für die Winterruhe,
-Sommerunterschlüpfe aus Steinen, Baumstümpfen,
-fischfreies Laichgewässer/fischfreier Gartenteich mit Wasser- und Uferpflanzen.

Nematoden:
Als Nützlinge ernähren sie sich zum Beispiel von Trauermücken, Schnecken, Engerlingen, Dickmaulrüsslern, Ameisen, Fliegen, Thripsen und mehr.

Weitere Infos:
Manche Arten können auch Schädlinge sein.

Ohrwürmer/Ohrkneifer:
Als Nützlinge ernähren sie sich zum Beispiel von Blattläusen und deren Raupen, den Puppen des Traubenwicklers, den Puppen des Springwurmwicklers, bestimmten Pilzen und auch von den Pilzrasen des Echten Mehltaus.

Weitere Infos:
Während der Ohrwurm bei vielen Pflanzen ein Nützling ist, kann er bei Blumen auch ein Schädling sein. Bei Nelken, Dahlien und Rosen fressen sie die Blütenblätter.

Damit sich Ohrwürmer verbreiten, benötigen sie:
-Verstecke aus Steinen, Totholz, Blumentöpfen, Bambusröhren oder Ähnlichem.

Raubmilben:
Als Nützling ernähren sie sich zum Beispiel von Nematoden (Fadenwürmer), Thripsen, Spinnmilben und anderem.

Damit sich Raubmilben verbreiten, benötigen sie:
-eine naturnahe Umgebung,
-keine chemischen Pflanzenschutzmittel,
-Baumrinden,
-Steine,
-Streu.

Raubwanzen:
Als Nützlinge ernähren sie sich zum Beispiel von Spinnmilben, Thripsen, Weiße Fliege, Blattläuse und Anderem.

Weitere Infos:
Raubwanzen können auch Menschen stechen. Die Stiche gelten als schmerzvoll. Allerdings stechen Raubwanzen nur zu, wenn sie sich bedroht fühlen. Wer ihnen nicht zu nahe kommt, kann sie gut als natürliches Schädlingsbekämpfungsmittel ansehen.

Ansiedeln:
Damit sich Raubwanzen verbreiten, benötigen sie:
-Totholz,
-Steine,

-Reisig,
-viele Blütenpflanzen.

Rollwespen (Tiphiidae):
Als Nützlinge ernähren sie sich zum Beispiel vom Japankäfer und seinen Larven.

Weitere Infos:
Rollwespen haben keine Verwandtschaft mit den Blattrollwespen, welche Schädlinge sind.

Schlupfwespen:
Als Nützlinge ernähren sie sich zum Beispiel nach ihrem Schlupf von Blattläusen, Käfern, Motten und anderen Tierchen. Später benötigen sie nur noch Pflanzen.

Damit sich Schlupfwespen verbreiten, benötigen sie:
-den Verzicht auf chemische Pflanzenschutzmittel,
-naturnahe Gärten,
-Hecken,
-Totholz,
-Doldenblütler wie Fenchel und Pastinaken.

Schlupfwespen können auch im Fachhandel erworben werden.

Schwebfliegenlarven:
Als Nützlinge ernähren sie sich zum Beispiel von mehreren hundert Blattläusen, Spinnmilben und anderen Insekten.

Damit sich Schwebfliegen und damit die Larven verbreiten, benötigen sie:
-einen Verzicht auf chemischen Pflanzenschutz,
-Korbblütler,
-Kolbenblütler.

Singvögel:
Als Nützlinge ernähren sie sich zum Beispiel von Läusen und weiteren Tierchen.

Damit sich Singvögel verbreiten, benötigen sie:
-den Verzicht auf Pflanzenschutzmittel,
-Verstecke durch ungiftige Hecken, Bäume und so weiter,
-Wasserstellen wie ein Vogelbad oder eine Vogeltränke,
-wenige Fressfeinde wie Katzen bzw. gute Fluchtmöglichkeiten,
-ein katzensicheres Sandbad (manche Vogelarten)
-Brutplätze (entweder natürliche Plätze wie ein Haufen aus Totholz oder geeignete Nistkästen).

Spinnen:
Als Nützlinge ernähren sie sich zum Beispiel von Blattläusen und anderen Insekten.

Damit sich Spinnen verbreiten, benötigen sie:
-naturnahe Gegenden mit Totholz, Gebüsch, Steinen,
-den Verzicht, dass ihre Netze immer sofort wieder zerstört werden,
-den Verzicht auf chemische Pflanzenschutzmittel,
-den Verzicht, dass die Menschen sie beim Anblick

erschlagen oder zerdrücken.

Spitzmäuse:
Als Nützlinge ernähren sie sich zum Beispiel von Schnecken, Spinnen, Würmern, Insekten und Larven.

Damit sich Spitzmäuse verbreiten, benötigen sie:
-Verstecke (Wurzelstöcke, Asthaufen, Laub),
-immergrüne Pflanzen.

Steinläufer:
Als Nützlinge ernähren sie sich zum Beispiel von Blattläusen, Asseln, Larven und Würmern.

Damit sich Steinläufer verbreiten, benötigen sie:
-naturnahe Gärten mit Verstecken aus Steinen, Totholz, Kompost.

Tigerschnegel:
Als Nützlinge ernähren sie sich zum Beispiel von Wegschnecken/Nacktschnecken und Schneckeneiern.

Weitere Infos:
Tigerschnegel werden auch Schnegel, Engelschnecken, Großschnecken oder Hariboschnecken genannt. Bietet ihnen die Umgebung nicht ausreichend tierische Nahrung oder Nahrung von unerwünschten Pflanzen (Moos, Flechten, Algen), können sie auch manche Gemüseblätter wie Salat anfressen.

Damit sich Tigerschnegel verbreiten, benötigen sie:
-naturnahe Gärten,

-Schattenstellen unter Gehölze, Reisig, Laub in der Nähe der Nutzpflanzen.

Weinbergschnecken:
Als Nützlinge ernähren sie sich zum Beispiel von den Eiern der Nacktschnecken und von toten Pflanzenresten.

Damit sich Weinbergschnecken verbreiten, benötigen sie:
-einen kalkreichen und nicht zu trockenen Boden,
-warme Plätze,
-ausreichend Nahrung,
-den Verzicht auf Schneckenkorn oder andere Tötungen.

Warum ist Zucchino gesund?

Warum Menschen Zucchini essen, dafür gibt es viele Ursachen. Ein Grund ist der **aromatische Zucchini-Geschmack**. Des Weiteren gilt das Gemüse als herzstärkend, immunsystemstärkend, entwässernd, verdauungsfördernd, konzentrationsfördernd und diabetiker- als auch diätgeeignet. Hierfür verantwortlich sind die Inhaltsstoffe, unter anderem **einige Vitamine**, **Spuren-elemente**, **Ballaststoffe** und **Mineralstoffe**. So besitzen die Früchte zum Beispiel je 100 Gramm ca.* *:

-**0,04 mg Provitamin A** (Betacarotin),
-**0,2 mg Vitamin B1** (Thiamin)
-**0,09 mg Vitamin B2** (Riboflavin),

- **0,4 g Vitamin B3** (Niacin),
- **0,08 mg Vitamin B5** (Pantothensäure),
- **0,12 mg Vitamin B6** (Pyridoxin),
- **0,002 mg Vitamin B 7** (Biotin),
- **0,01 mg Vitamin B9** (Folsäure),
- **17,6 g Vitamin C**,
- **0,5 mg Vitamin E (Alpha-Tocopherol)**,
- **0,011 mg Vitamin K**,
- **25 bis 30 mg Kalzium**,
- **180 mg Kalium**,
- **1,5 mg Eisen**,
- **18 mg Magnesium**,
- **25 mg Schwefel**,
- **24 mg Chlorid**,
- **29 mg Phosphor**,
- **3 mg Natrium und 87 mg Omega-3-Fettsäuren.**

Bei alldem gelten Zucchini als gut bekömmlich, entschlackend und leicht zu verdauen. Außerdem steckt in einem Zucchino kaum Fett, dafür viel Wasser. So besitzen **100 Gramm** Zucchini nur **19 bis 21 kcal** (79 bis 87 kJ) ******, **0,3 Gramm** Fett** sowie etwa **2 Gramm**** an **Proteinen**. Mit den etwa **2,2 Gramm Kohlenhydraten** je 100 Gramm Gemüse sind Zucchini zudem gut für Diabetiker geeignet. Da ist es kein Wunder, dass Zucchini zu den mit meist verkauften Gemüse in Deutschland zählen.

** Alle Mengenangaben beziehen sich auf 100 Gramm essbarer und roher Frucht. Es handelt sich um Richtwerte. Je nach Erntezustand, Lagerzeit, Bodennährstoffen und so weiter, können die exakten Werte höher oder niedriger liegen. Außerdem können sie sich durch die Zubereitung etwas verändern.

Einkaufstipps

Um Zucchini selber anzubauen und zu ernten, bedarf es einen geeigneten Pflanzplatz bzw. Standort, angemessenes Saatgut sowie die richtige Pflege. Selbst wenn alles vorhanden sein sollte,

liegt die Erntezeit hierzulande jedoch im Sommer bis Herbst. Möchte jemand im Winter oder Frühjahr gern frische Zucchini genießen oder kann sich jemand das Gemüse nicht selber anbauen, kommt die Person wohl nicht um einen gelegentlichen Kauf herum. Im Handel gibt es mittlerweile zu allen Jahreszeiten die länglichen Früchte. In ihrer Hauptsaison kommen sie aus der Region, außerhalb der Hauptsaison werden sie eingeführt. Manche sind in Bio- andere in Nicht-Bio-Qualität eingeteilt.
Zudem gibt es 3-erlei Verkaufsklassen sowie verschiedene Sorten.

Die Verkaufsklasse Extra verspricht eine besonders hohe Qualität. Bei der Verkaufsklasse 1 sind hingegen kleine Fehler in Form, Farbe und Schale gegeben. Die Zucchini müssen in beiden Fällen jedoch einen maximal 3 cm langen Stiel besitzen. Unterliegt das Gemüse der Verkaufsklasse 2, besitzt es womöglich größere optische Mängel, welche sich aber nicht auf das Fruchtfleisch auswirken.
Wer außerdem sichergehen möchte, dass seine Zucchini nicht chemisch behandelt wurden, sollte auf Bioware zurückgreifen. Nicht-Bio-Ware kann sicher

auch schmecken, wird aber am besten gründlicher vor dem Zubereiten abgewaschen.

Unabhängig von der ausgewiesenen Verkaufsklasse oder dem Bio-/Nicht-Bio-Anbau werden eh am besten nur Zucchini gekauft, mit einer **mattglänzenden und ganzen Schale**. Der **Fruchtkörper** muss **fest und schwer sein. Ebenso ist der kantige Stiel nach Möglichkeit nicht ausgetrocknet**. Übrigens wird auf dem Etikett oder der Verpackung nicht nur die Verkaufsklasse bekannt gegeben. Auch Angaben zum Ursprungsland, zum Abpacker/Versender und mehr können (teilweise auch müssen) hierauf ersichtlich sein.

Zucchini aufbewahren

Meist sind Zucchini bei ihrer Ernte noch unreif. Schließlich ist es untypisch, die Früchte ausgereift zu verzehren. Trotz der fehlenden Reife sind die speziellen Kürbisse nicht lange haltbar. **Im Gemüsefach des Kühlschrankes** oder in einem kühlen Raum können frisch geerntete, ganze Früchte 1 bis 3 Wochen gelagert werden. Kleinere Früchte sind dabei schneller zu verzehren (1 Woche), während sich etwas größere Zucchini ein wenig länger halten (bis zu 3 Wochen). Mit zunehmender Lagerdauer nimmt aber die Qualität ab. Zudem sind zerschnittene Zucchini nur wenige Tage haltbar. Bei ihnen kommt es schnell zu einem Flüssigkeitsverlust und zu einem Befall von Mikroorganismen. **-> Darum die Früchte am besten als Ganzes aufbewahren**.

Hinzu ist es angebracht, dass ihre **Lagerumgebung keine Temperatur von unter +7 °C** hat, aber auch nicht zu heiß ist. Denn Zucchini sind kälteempfindlich.
Ausgereifte Zucchini (meist für die Samengewinnung) sind hingegen in einem kühlen, dunklen und leicht feuchten Raum mehrere Wochen oder Monate lagerbar. Diese Früchte können eingewickelt werden in ein Tuch. Es muss aber nicht sein.
So oder so ist darauf zu achten, dass sich nicht das Gas Ethylen nah bei den Früchten befindet. Es beschleunigt die Reifung. Gebildet wird Ethylen von anderem Gemüse und Obst, etwa Äpfeln, Bananen, Melonen, Birnen, Tomaten und allem, was nachreift. Darum sollte ethylenbildendes Obst und Gemüse separat von den Zucchini gelagert werden.
Eine weitere Möglichkeit ist es, Zucchini einzufrieren. An dieser Stelle will gesagt sein: Das Einfrieren kann die Früchte für etwa 4 bis 6 Monate haltbar machen, eine Temperatur von 0 bis +7 °C würde wiederum entgegengesetzt wirken. Also die Früchte entweder gefroren oder bei den genannten Mindestplusgraden lagern, damit sie sich lange halten. Beim Einfrieren roher Zucchini sollten zudem vor allem kleine Früchte genommen werden, weil sie einen niedrigen Wassergehalt besitzen. Somit sind sie nach dem Auftauen weniger matschig. Außerdem werden Zucchini vor dem Einfrieren am besten gewaschen, getrocknet und zerschnitten. Wer seine Früchte nun mit etwas Salz bestreut und wartet, lässt sie weiteres Wasser verlieren, was einfach abgeschüttet werden kann. Danach kommen die Zucchini in einen passenden Behälter. Wer statt roher Früchte vorgekochte

Zucchini einfrieren möchte, kann diese gleich in einen passenden Behälter geben. Ähnlich ist es mit fertigen Zucchini-Gerichten. Nun werden die Dosen etc. beschriftet. Bei der Beschriftung empfiehlt es sich, das Einfrierdatum sowie die maximale Lagerzeit zu notieren. Somit wird sichergegangen, dass die Zucchini nicht überlagert werden. Folgend kommt alles in den Gefrierschrank, die Gefriertruhe oder in das Gefrierfach.

Zu guter Letzt ist es noch möglich, Zucchini einzulegen. Für eingelegte Zucchini gibt es mehrere Möglichkeiten. Eingelegt sind die Kürbisverwandten mehrere Monate haltbar, wenn dabei keine Fehler gemacht werden. Rezepte siehe Seite 135.

Zucchini verwenden - Allgemeines

Nachdem wir nun erfahren haben, wie man Zucchini züchten und lagern kann, möchte ich auf die Verwendung eingehen. Dabei möchte ich Allgemeines über die Verwendung und einige Möglichkeiten nennen. Einige Rezepte zum Nachmachen gibt es natürlich auch, aber erst im nächsten Kapitel.

In welchem Gar-Zustand ist ein Zucchino essbar?
Zucchini können roh, gebraten, gekocht oder gegrillt verzehrt werden. Roh beinhalten sie vermutlich die meisten Nährstoffe. Im gebratenen, gekochten oder gegrillten Zustand ist das Gemüse hingegen oft besser bekömmlich.

Zucchini-Blüten zubereiten?
Zucchini-Blüten sind genauso essbar wie Zucchini-Früchte. Für den Verzehr werden sie direkt vor der Öffnung abgeschnitten. Später werden sie paniert, frittiert, gefüllt oder dienen als Salatbeilage. Am besten werden nur männliche Blüten zubereitet. Somit wird die Fruchternte nicht verringert. Allerdings sollten auch nicht alle männlichen Blüten genutzt werden. Einige müssen für die Befruchtung übrigbleiben.

Zucchini schälen?
Meist ist es nicht notwendig, einen Zucchino zu schälen. Immerhin ist die Schale junger Früchte weich und auch in ihr stecken womöglich gute Nährstoffe und Aromen. Da reicht es, die Frucht vor der Verarbeitung abzuwaschen. Lediglich wenn die Schale zu fest sein sollte (bei älteren und größeren Zucchini ist dies oft der Fall) oder unschöne Stellen aufweist, kann sich ein Wegschneiden oder Schälen lohnen. Zum Schälen kann ein Sparschäler oder ein Messer genutzt werden.

Was ist mit den Kernen?
In kleinen Früchten befinden sich kaum Kerne. Je größer die Früchte sind, desto stärker sind jedoch

Kerne ausgebildet. Klein können sie mitgegessen oder entfernt werden.

Eingelegte Zucchini:
Das Thema eingelegte Zucchini wurde im Kapitel „Zucchini aufbewahren" (ab Seite 69) schon einmal angerissen. Dort ging es um die Haltbarkeit und natürlich sind die eingelegten Zucchini auch essbar - etwa als Abendbrot-Beilage.

Gebratene Zucchini:
Zucchini können einfach in einer Pfanne angebraten werden. Sie passen in der Form gut zu verschiedenen Mittagsgerichten oder als warme Abendbrot-Beilage. Je nach Belieben sind sie paniert und nicht paniert verwendbar.

Gefüllte Zucchini:
Zucchini können leicht ausgehöhlt und mit verschiedenem Inhalt gefüllt werden. Damit stellen sie ein einfaches Mittag- oder Abendessen dar. Abhängig von der Füllung können gefüllte Zucchini eine Haupt- oder Nebenspeise sein.

Gegrillte Zucchini:
Die Früchte können im Ganzen gegrillt werden. Ebenso können sie ein Teil von Gemüsespießen sein, die auf den Grill kommen.

Gekochte Zucchini:
Zucchini können in Wasser gekocht werden und ein Teil des Mittag-/Abendessens sein.

Zucchini-Salat und Zucchini-Dip:
Zucchini können selber zu Salat verarbeitet werden oder verschiedene Salate ergänzen. Auch sind sie in Streifen geschnitten, eine gute Beilage für Dips oder können selber zu welchen werden.

Zucchini-Suppe:
Zucchini können Gemüsesuppen anreichern oder zu einer eigenen Suppe - etwa eine Zucchini-Cremesuppe - werden.

Zucchini-Puffer:
Wie es Kartoffel-Puffer gibt, sind Zucchini-Puffer möglich.

Vieles Weitere:
Einige Verwendungsmöglichkeiten für Zucchini wurden bereits genannt. Jedoch gibt es an Zubereitungsvarianten noch einige mehr. Etwa sind dies Zucchini-Pommes, Zucchini-Gebäck, Zucchini-Lasagne, Zucchini-Chutney, Zucchini-Eis, Zucchini-Konfitüre oder Zucchini-Chips. Vor allem Gemüsechips aus Zucchini sind eine gesunde und schmackhafte Variante gegenüber handelsüblichen Kartoffelchips.

Zucchini-Vergiftung

Immer wieder ist die Rede davon, wie gesund Zucchini sind. Immerhin haben Zucchini kaum Kohlenhydrate, dafür viel Wasser und

an-dere wichtige Stoffe.
Unter bestimmten Umständen können Zucchini jedoch auch unverträglich oder gar giftig sein. Schließlich können die kleinen Kürbis-se Bitterstoffe bilden.

<u>Woher kommen in Zucchini die Bitterstoffe?</u>
Die giftigen Bitterstoffe sind bei Gurkengewächsen und Kürbisgewächsen von Natur aus vorhanden. Sie stammen aus der Gruppe der Cucurbitacine und wurden den modernen Sorten weggezüchtet. Seit den 1950-er Jahren erst, gelten die ersten Sorten als bitterstofffrei. Unter stressigen Bedingungen (Hitze, Trockenheit, Überlagerung) oder bei falschen Kreuzungen können sie jedoch wieder entstehen.

<u>Wie gefährlich sind Bitterstoffe in Zucchini?</u>
Zucchini mit Bitterstoffen sollten nicht unbedingt verzehrt werden. Wer allerdings eine geringe Menge geschluckt hat, muss sich nur in seltenen Fällen ernsthaft Sorgen machen. Denn geringe Mengen gelten als wenig bedenklich. Größere Mengen - treten vor allem bei falschen Kreuzungen (oft durch eigene Samengewinnung oder wenn Zierkürbisse in der Nähe stehen) auf und können starke gesundheitliche oder gar tödliche Folgen haben. **Anzeichen einer Zucchini-Vergiftung** sind etwa Übelkeit, Erbrechen, (blutiger) Durchfall, Magenkrämpfe oder Darmschäden einige Minuten bis Stunden nach dem Zucchini-Verzehr. Eine starke Vergiftung kann eventuell auch zum Tod führen.

Bitterstoffe erkennen:
Bei einem Zucchino mögliche Bitterstoffe zu erkennen, ist eigentlich leicht. Sofern man einen normalfunktionierenden Geschmackssinn besitzt, erkennt man den bitteren und untypischen Geschmack betroffener Früchte frühzeitig. Bei einem hohen Cucurbitacin-Anteil kann der Zucchino zudem bitter und faulig riechen. Auch durch Kochen oder Braten verschwinden die Stoffe nicht und machen den Zucchino bitter. Dann kann es sein, dass das ganze Essensgericht entsorgt werden muss. Am besten ist es darum, vor dem Verwerten jeden Zucchino zu kosten. Ältere Menschen, (Klein-)Kinder oder erkrankte Personen (etwa mit Schnupfen), welche (noch) keinen ausreichenden Geschmackssinn besitzen, sollten nicht alleine die Verkostung durchführen. Für das Probieren an sich wird einfach an der Zucchinispitze (Blütenansatz) ein Stück abgeschnitten und gekostet. Denn hier ist der Anteil der Bitterstoffe, wenn ja am höchsten.

Wie können die Stoffe vermieden werden? Was ist nach dem Verzehr zu tun?
Um die Bitterstoffe zu verhindern, sollten nach Möglichkeit Zucchini-Pflanzen nur mit gekauften und geprüften Samen gezogen werden. Lediglich unter korrekter Anwendung ist eine Eigengewinnung möglich, die wenig gefährlich ist (siehe Seite 18). Zudem gilt es, die Pflanzen keinen Stress auszusetzen (also keine Trockenheit und so weiter) und die Früchte nicht zu überlagern. Ist einmal ein gekaufter Zucchino bitter,

sollte umgehend der Händler informiert werden. Wer sich hier nicht angehört fühlt, kann sich an die zuständige Lebensmittelüberwachung der Region wenden. **Ebenso sollte das gekostete Zucchini-sStück beim Feststellen der Bitterkeit ausgespuckt** und der Zucchino **oder** (falls die Verarbeitung schon geschehen ist) das gesamte Zucchini-Gericht **entsorgt werden**. Wer aus Versehen etwas verschluckt, nimmt danach am besten viel Flüssigkeit auf. Somit kann der Körper den Giftstoff besser verarbeiten. Auch kann es hilfreich sein, die Nummer vom Giftnotruf paratzulegen und im Zweifelsfall dort anzurufen. Verspürt jemand einige Minuten bis Stunden nach dem Verzehr starke Übelkeit, Krämpfe oder Ähnliches, ist ein Notruf unausweichlich.

Zucchini-Allergie:
Manche Menschen bekommen Übelkeit, Magenkrämpfe, Atemnot, ein Brennen im Mundraum, Blutdruckabfall, Herzrasen, Schwellungen der Zunge, Schwellungen der Lippen, Juckreiz, Hautrötungen und /oder Kreislaufprobleme nach dem Zucchini-Verzehr, obwohl die Zucchini nicht bitter waren. In diesem Fall liegt wohl eine Allergie vor. Welcher Inhaltsstoff die allergische Reaktion genau auslöst, kann bei einem Allergologen in Erfahrung gebracht werden. Anschließend ist eventuell eine Immuntherapie möglich. Ersatzweise muss das Lebensmittel - in diesem Fall Zucchini – langfristig gemieden werden. Vor allem Menschen mit einer Baumpollen-Allergie können auch eine Unver-

träglichkeit zu Kürbisgewächsen besitzen. Alles in allem sind allergische Reaktionen auf Zucchini jedoch selten. Oft verschwinden die Symptome spätestens nach einigen Stunden wieder. Wer stark betroffen ist, sollte einen Arzt/eine Ärztin zurate ziehen.

<u>Zucchini-Rezeptteil</u>

Zucchini-Gerichte gibt es eine große Menge. Es wird nicht möglich sein - und es ist auch gar nicht beabsichtigt - alle hier zu nennen. Dennoch möchte ich auf einige eingehen. Hinweis: Die folgenden Abbildungen können den Gerichten sehr ähnlich sein, sind aber nicht identisch oder stellen nur einzelne Zutaten dar.

Los geht es mit:

Gebratene Zucchini:
Gebratene Zucchini mit oder ohne Knoblauch (vegan) (für 4 Personen):

Nährwerte pro 1 Portion

TIPP: Das Gericht passt zu gegrilltem Fleisch und kann mit Kräuter- und Knoblauchsaucen ergänzt werden.

Energie: etwa 188,41 kJ/45 kcal,
Fett: etwa 2,87 g,
Kohlenhydrate: etwa 3,11 g,
Eiweiß: etwa 1,59 g.

Benötigt werden an Zutaten:
- 1 großer Zucchino oder 2 kleinere Zucchini,
- 1 Esslöffel Majoran,
- 1 Esslöffel Thymian,
- etwas Pflanzenöl,
- auf Wunsch 1 bis 2 Knoblauchzehen,
- Pfeffer und Salz.

Ab an die Umsetzung:
1. Zucchini/Zucchino waschen, trocknen und Stiel- und Blütenansatz entfernen. In 0,5 bis maximal 1 cm dicke Scheiben schneiden.
2. Zucchini-Scheiben auf beiden Seiten mit Salz, Pfeffer, Thymian und Majoran würzen.
3. Knoblauch schälen und zerkleinern.
4. Pflanzenöl in einer Pfanne erhitzen.

5. Knoblauch und Zucchini-Scheiben hineingeben.
6. Zwischendurch alles wenden, bis es den eigens gewünschten Garzustand erreicht hat.

Panierte Zucchini-Schnitzel (vegetarisch) (für 4 Personen):

Nährwerte pro 1 Portion

Energie: etwa 1084,38 kJ/259 kcal,
Fett: etwa 11,09 g,
Kohlenhydrate: etwa 28,59 g,
Eiweiß: etwa 9,51 g.

Benötigt werden an Zutaten:
- 2 Zucchini,
- 80 Gramm Mehl,
- 80 Gramm Semmelbrösel/Panierbrösel,
- 3 Esslöffel Öl,
- Salz und Pfeffer,
- 2 Eier.

Ab an die Umsetzung:
1. Zucchini waschen, trocknen und Stiel- und Blütenansatz entfernen.
2. Zucchini in Scheiben schneiden
3. Die Scheiben beidseitig mit Salz und Pfeffer würzen.

4. Nun die Zucchini-Scheiben im Mehl wenden (Mehl dafür vorher auf einen sauberen Teller geben).
5. Die zwei Eier verquirlen, auf einen Teller geben und die Zucchini-Scheiben beidseitig eintauchen.
6. Zucchini-Scheiben in den Semmelbröseln/Panierbröseln wenden.
7. Öl in einer Pfanne erhitzen.
8. Zucchini in der Pfanne beidseitig goldbraun anbraten.

Zucchini-Cordon-Bleu (für 4 Personen):

Nährwerte pro 1 Portion

Energie: etwa 2729,79 kJ/652 kcal,
Fett: etwa 54,37 g,
Kohlenhydrate: etwa 18,70 g,
Eiweiß: etwa 21,27 g.

Benötigt werden an Zutaten:
- 1 großer Zucchino oder 2 kleinere Zucchini,
- 4 Scheiben Käse,
- 4 Scheiben Schinken/Kochschinken,
- 210 Milliliter Pflanzenöl,
- 2 Eier,
- 5 Esslöffel Mehl,
- Salz und Pfeffer,
- 5 Esslöffel Semmelbrösel/Panierbrösel.

Ab an die Umsetzung:
1. Zucchini waschen, trocknen und Stiel und Blütenansatz entfernen.
2. Zucchini in 4 bis 5 cm dicke Scheiben schneiden.
3. Zwischen zwei Zucchini-Scheiben immer eine Scheibe Käse und eine Scheibe Schinken legen.
4. Nun die Zucchini-Scheiben mit Salz und Pfeffer würzen.
5. Anschließend beidseitig in Mehl einlegen.
6. Eier verquirlen.
7. Zucchini in Eiern wenden.
8. Daraufhin in Semmelbröseln/Panierbröseln wenden.
9. Pflanzenöl in einer Bratpfanne erhitzen. Zucchini-Cordon-Bleu goldbraun backen.

Gefüllte Zucchini:
Zucchini mit Champignon-Kräuter-Füllung (vegetarisch) (für 4 Personen):

Nährwerte pro 1 Portion

Energie: etwa 2365 kJ/565 kcal,
Fett: etwa 25,4 g,
Kohlenhydrate: etwa 57,2 g,
Eiweiß: etwa 26,1 g.

TIPP: Dieses Gericht kann mit Reis oder Nudeln serviert werden.

Benötigt werden an Zutaten:
- 4 Zucchini,
- 2 Zwiebeln,
- 4 Esslöffel Öl,
- 350 Gramm Champignons,
- 2 Zweige Bohnenkraut,
- 50 Gramm Petersilie,
- 2 Zweige Thymian,
- 200 Gramm geriebener Käse,
- Salz und Pfeffer.

Ab an die Umsetzung:
1. Zucchini waschen, trocknen, halbieren und mit einem Teelöffel aushöhlen. Fruchtfleisch aufheben.
2. Zucchini auf ein Backblech mit Backpapier legen und die Pilze putzen.
3. Zwiebeln schälen und würfeln.
4. Zucchini-Fruchtfleisch und Champignons würfeln.
5. 2 EL Öl in einer Pfanne erhitzen, Zwiebeln glasig dünsten und Champignons dazu geben. 5 Minuten alles braten.
6. Alles in eine Schüssel füllen und Zucchini-Fruchtfleisch mit dem restlichen Öl in der gleichen Pfanne braten. Danach ebenso in die Schüssel geben.
7. Petersilie, Bohnenkraut, Thymian abbrausen, trocken schütteln und in die Masse geben.
8. Mit Salz und Pfeffer abschmecken.

9. Die Zucchini-Hälften mit etwas Pfeffer bestreuen und anschließend mit Pilz-Zucchini-Menge füllen.
10. Käse darüber streuen und alles backen.

Zucchini mit Hähnchen-Reis-Paprika-Füllung (für 4 Personen):

Nährwerte pro 1 Portion

Energie: etwa 1729,15 kJ/413 kcal,
Fett: etwa 17 g,
Kohlenhydrate: etwa 33 g,
Eiweiß: etwa 30 g.

Benötig werden an Zutaten:
- 125 Gramm Reis,
- 4 kleine Zucchini,
- 2 Paprikaschoten (gelb und rot),
- 1 Zwiebel,
- Salz,
- 250 Gramm Hähnchenbrustfilet,
- 100 Gramm geriebener Käse,
- 50 Gramm Crème fraîche,
- 2 Esslöffel Pflanzenöl,
- Salz und Pfeffer,
- etwas Currypulver.

Ab an die Umsetzung:
1. Reis nach Packungsanleitung zubereiten und etwas abkühlen lassen.

2. Zucchini waschen und den Stiel- und Blütenansatz entfernen.
3. Zucchini halbieren und das Fruchtfleisch mit einem Löffel herausschaben und zerschneiden.
4. Zucchini salzen und 10 Minuten ruhen lassen. Dann abtrocknen. Paprika waschen, halbieren, entkernen und würfeln.
5. Zwiebel schälen und hacken. Dann im heißen Öl glasig dünsten.
6. In der Zeit Hähnchenbrustfilet waschen, abtupfen und würfeln.
7. Hähnchenfleisch zu der Zwiebel geben.
8. 1 bis 2 Minuten anbraten.
9. Zucchini-Fleisch dazu und weiterbraten.
10. Dann herunternehmen und Paprika, Reis, Currypulver, Crème fraîche und 50 Gramm Käse beimengen.
11. Mit Salz und Pfeffer würzen.
12. Zucchini-Hälften füllen.
13. Restlichen Käse darüber geben und 20 Minuten lang backen, bis alles goldbraun ist (Gas: Stufe 3/Umluft: 180 °C).

Zucchini mit Schafskäse-Tomaten-Füllung (vegetarisch) (für 4 Personen):

Nährwerte pro 1 Portion
Energie: etwa 1519,81 kJ/363 kcal,
Fett: etwa 16,4 g,
Kohlenhydrate: etwa 35,3 g,
Eiweiß: etwa 16,8 g.

Benötigt werden an Zutaten:
- 4 Zucchini,
- 180 Gramm Feta,
- 1 Knoblauchzehe,
- 2 Zwiebeln,
- 2 große Tomaten,
- 50 g schwarze Oliven,
- 1 Esslöffel Pflanzenöl,
- 2 Zweige Thymian,
- Salz und Pfeffer.

TIPP: Dieses Gericht lässt sich gut zu Reis servieren.

Ab an die Umsetzung:
1. Zucchini waschen, Stiel- und Blütenansatz entfernen und halbieren. Mit einem Teelöffel das Fruchtfleisch herausnehmen. Fruchtfleisch aufheben. Zucchini auf ein Blech mit Backpapier legen.
2. Zwiebeln und Knoblauchzehe würfeln und zerkleinern. Tomaten würfeln. Oliven in Scheiben schneiden. Feta zerbröseln.
3. Pflanzenöl in einer Pfanne erhitzen. Zwiebeln und Knoblauch glasig andünsten.
4. Fruchtfleisch dazu geben.
5. Alles aus der Pfanne in eine Schüssel umlagern und Oliven und Tomaten ebenso hinzu mengen.
6. Nun kommen abgezupfter und gewaschener Thymian, die Hälfte Feta dazu. Alles vermischen und mit Salz und Pfeffer abschmecken.
7. Mit der Masse die Zucchini-Hälften füllen. Restlicher Käse darüber und ab in den Ofen.

Zucchini-Auflauf:
Zucchini-Kartoffel-Auflauf (vegetarisch) (für 4 Personen):

Nährwerte pro 1 Portion

Energie: etwa 1662,16 kJ/397 kcal,
Fett: etwa 24 g,
Kohlenhydrate: etwa 27 g,
Eiweiß: etwa 17 g.

Benötigt werden an Zutaten:
- 4 Zucchini,
- 1 Ei,
- 500 Gramm festkochende Kartoffeln,
- 1 Esslöffel Pflanzenöl,
- Salz und Pfeffer,
- 150 Milliliter Schlagsahne,
- 100 Gramm geriebener Käse nach Wahl,
- 2 Knoblauchzehen,
- 3 Stiele Petersilie.

Ab an die Umsetzung:
1. Kartoffeln waschen und in einem Topf mit Wasser kochen, bis sie kurz vor „gar" sind.
2. Öl in einer Auflaufform verteilen.
3. Zucchini waschen und vom Stiel- und Blütenansatz befreien.
4. Zucchini in ½ cm dicke Scheiben schneiden.
5. Eier mit Sahne verquirlen.
6. Knoblauch hacken und zur Eier-Sahne geben.
7. Knoblauch-Eier-Sahne salzen und pfeffern.

8. Kartoffeln pellen und in ½ cm dicke Scheiben schneiden.
9. Zucchini- und Kartoffelscheiben abwechselnd in die Auflaufform schichten.
10. Knoblauch-Eier-Sahne darüber gießen.
11. Geriebenen Käse darauf verstreuen.
12. Rund 25 Minuten im Backofen (bei 180 °C Umluft, Gas: Stufe 3) backen.
13. Petersilie waschen, trocknen und kleinmachen und den Auflauf damit garnieren.

Zucchini-Tomaten-Auflauf (für 4 Personen):

Nährwerte pro 1 Portion

Energie: etwa 1465,38 kJ/350 kcal,
Fett: etwa 25 g,
Kohlenhydrate: etwa 10 g,
Eiweiß: etwa 20 g.

Benötigt werden an Zutaten:
- 2 bis 3 Zucchini,
- 5 bis 6 Tomaten,
- 100 Gramm geriebener Käse nach Wahl,
- 3 bis 4 Eier,
- 200 Gramm saure Sahne,
- 1 Esslöffel Pflanzenöl, etwa Olivenöl,

- Salz und Pfeffer,
- auf Wunsch 1 bis 2 Zweige Thymian.

Ab an die Umsetzung:
1. Zucchini waschen. Vom Stiel- und Blütenansatz befreien und in Scheiben schneiden.
2. Tomaten waschen. Den Stielansatz herausschneiden und in Scheiben schneiden.
3. Saure Sahne, geriebenen Käse und Eier mischen. Pfeffern und Salzen.
4. Eine Auflaufform mit Öl versehen.
5. Zucchini und Tomate abwechselnd hineinschichten.
6. Mit der Käse-Eier-Sahne übergießen.
7. Bei Umluft 160 °C (Gas: Stufe 3) etwa 30 Minuten backen.
8. Wer mit Thymian möchte: Thymian waschen, trocknen und Blätter abzupfen. 10 Minuten vor Backende über den Auflauf geben.

Zucchini-Fisch-Auflauf (für 4 Personen):

Nährwerte pro 1 Portion

Energie: etwa 2080,84 kJ/497 kcal,
Fett: etwa 25 g,
Kohlenhydrate: etwa 11 g,
Eiweiß: etwa 49 g.

Benötigt werden an Zutaten:

- 1 Zucchino,
- 800 Gramm Seelachsfilet,
- Salz und Pfeffer,
- etwas weiche Butter oder Pflanzenöl,
- 1 Zwiebel,
- 2 Esslöffel Butter oder Margarine,
- 2 Esslöffel Mehl,
- 250 Milliliter Milch,
- 2 Esslöffel Crème fraîche,
- 150 Milliliter trockener Weißwein, ersatzweise 150 ml Wasser,
- 1 Esslöffel frischer, gehackter Thymian,
- 80 Gramm geriebener Käse nach Wahl.

Ab an die Umsetzung:
1. Fisch abbrausen, trocken tupfen und in 8 gleich große Stücke schneiden.
2. Auflaufform mit Butter oder Pflanzenöl einfetten und den Fisch darein legen.
3. Fisch salzen und pfeffern.
4. Zucchino waschen und von Stiel- und Blütenansatz befreien.
5. Zucchino halbieren. Ihn in Scheiben schneiden.
6. Zwiebel schälen, halbieren und in Streifen schneiden.
7. Zucchino und Zwiebel über den Fisch verteilen.
8. Butter in einen Topf geben. Aufschäumen lassen. Mehl unterrühren und Wein oder Wasser zugießen.
9. Milch zugeben. Weiter rühren und köcheln lassen.

10. Ist die Masse leicht sämig, von der Hitze nehmen.
11. Thymian und Crème fraîche unterrühren.
12. Die Soße salzen und pfeffern.
13. Dann über den Fisch und das Gemüse geben.
14. Geriebenen Käse darauf verteilen.
15. 15 bis 20 Minuten goldbraun backen.

Gekochte Zucchini /Gemüsenudeln:

Gedünstete Zucchini (vegan) (für 4 Personen):

Nährwerte pro 100 g

Energie: etwa 79 bis 87 kJ/19 bis 21 kcal,
Fett: etwa 0,3 g,
Kohlenhydrate: etwa 2,2 g,
Eiweiß: etwa 2 g.

Benötigt werden an Zutaten:
- 3 bis 4 Zucchini,
- reichlich Wasser,
- Salz und Pfeffer.

Ab an die Umsetzung:
1. Jeden Zucchino waschen, trocknen und vom Stiel- und Blütenansatz befreien.
2. Alle Zucchini in gewünschte mundgerechte Stücke, Streifen oder Scheiben schneiden.
3. Zerschnittenes in einen Topf legen.
4. So viel Wasser dazugeben, bis die Zucchini bedeckt sind.

5. Auf Wunsch mit Salz und Pfeffer würzen.
6. Alles 8 bis 10 Minuten kochen.
7. Sobald die Zucchini den gewünschten Zustand erreicht haben, einfach absieben.

> **TIPP:** Gedünstete Zucchini sind eine gute Beilage zu Salzkartoffeln, Pellkartoffeln, Kartoffelpüree, zum Abendbrot, beim Grillen und mehr.

Zucchini in klarer Brühe mit Frühlingszwiebeln (vegan) (für 4 Personen):

Nährwerte pro 100 g

Energie: etwa 66 kJ/16 kcal,
Fett: etwa 0,8 g,
Kohlenhydrate: etwa 1,6 g,
Eiweiß: etwa 0,6 g.

Benötigt werden an Zutaten:
- 4 mittlere Zucchini,
- 4 Knoblauchzehen,
- 8 Frühlingszwiebeln,
- 280 Milliliter klare Brühe,
- Salz und Pfeffer,
- Olivenöl,
- 4 Prisen Cayennepfeffer.

Ab an die Umsetzung:
1. Zucchini waschen. Stil- und Blütenansatz

jeweils entfernen. Frühlingszwiebeln schälen.
2. Zwiebeln in Scheiben schneiden, Zucchini in mundgerechte Würfel oder Streifen.
3. Knoblauch schälen und klein schneiden.
4. Öl in einer Pfanne erhitzen.
5. Knoblauch kurz anbraten. Zucchini und Zwiebeln dazugeben.
6. Klare Brühe hinzugeben (Bei Brühepulver erst einmal die Brühe nach Packungsangabe zubereiten).
7. Mit Salz und Pfeffer würzen.
8. Das Gemüse dünsten, bis die Zucchini die richtige Konsistenz haben. Eventuell danach erneut mit Salz und Pfeffer abschmecken.

Zucchini-Nudeln Grundrezept (Zudeln, Zucchini-Spaghetti, Zoodles) (vegan) (für 4 Personen):

Nährwerte pro 100 g

Energie: etwa 87,92 kJ/21 kcal,
Fett: etwa 0,4 g,
Kohlenhydrate: etwa 2,1 g,
Eiweiß: etwa 1,6 g.

Benötigt werden an Zutaten:
-1 Kilogramm Zucchini,
- Wasser,
- Salz.

Ab an die Umsetzung:
1. Zucchini waschen, Stiel- und Blütenansatz

jeweils wegschneiden.
2. Zucchini mit einem Spiralschneider der Länge nach in dünne Streifen schneiden. Ersatzweise einen Küchenhobel mit einem speziellen Aufsatz verwenden.
3. Salzwasser in einem Topf zum Kochen bringen. Es muss so viel Wasser sein, dass die Zucchini-Streifen später darin gut bedeckt sind.
4. Zucchini-Streifen dazugeben.
5. Einige Minuten alles kochen lassen.
6. Sobald die Zucchini-Nudeln gar sind, Wasser abschütten und Zucchini-Nudeln abtropfen lassen.

> **TIPP:** Gemüsenudeln lassen sich nicht nur aus Zucchini herstellen, sondern auch aus Möhren. Verschiedene Zucchini-Nudeln können miteinander oder mit „richtigen" Nudeln vermischt werden. Zu Zucchini-Nudeln passen zudem die verschiedensten Pasta-Saucen.

Zucchini-Nudeln mit Tomaten und Pesto (vegetarisch) (für 4 Personen):

Nährwerte pro 1 Portion

Energie: etwa 45,67 kJ/116 kcal,
Fett: etwa 9 g,
Kohlenhydrate: etwa 3 g,
Eiweiß: etwa 4 g.

Benötigt werden an Zutaten:
- 600 Gramm Zucchini,
- 10 kleine Tomaten,
- 100 Milliliter Olivenöl,
- 50 Gramm Basilikum + Blätter zum Garnieren,
- 15 Gramm Pinienkerne,
- 1 Knoblauchzehe,
- 2 Prisen Salz,
- 65 Gramm geriebener Parmesan (Parmigiano Reggiano),
- 35 Gramm geriebener Schafmilchkäse (Percorino).

Ab an die Umsetzung:
1. Knoblauch schälen und mit einer Prise Salz in einen Mörser geben. Bearbeiten, bis der Knoblauch sehr fein ist.
2. Basilikumblätter abwaschen und richtig mit einem weichen und sauberen Tuch trocknen.
3. Basilikum mit einer Prise Salz zum Knoblauch geben.
4. Erneut mit dem Stößel arbeiten. Sobald aus den Blättern eine hellgrüne Flüssigkeit austritt, die Pinienkerne hinzufügen und weiter den Stößel bedienen.
5. Käse und Olivenöl hinzugeben. Es muss eine schön cremige Soße entstehen.
6. Zucchini-Nudeln nach Grundrezept zubereiten (siehe Seite 106).
7. Tomaten waschen, halbieren und den Stielansatz entfernen.
8. Zucchini-Nudeln mit dem Pesto in einer geeigneten Schüssel mischen.

9. Mit Basilikumblättern oder/und Tomaten garnieren.

Zucchini-Lasagne:

Zucchini-Lasagne-Bolognese mit Mozzarella (für 4 Personen):

Nährwerte pro 100 g

> Energie: etwa 435,56 kJ/108,33 kcal,
> Fett: etwa 6,83 g,
> Kohlenhydrate: etwa 2,5 g,
> Eiweiß: etwa 8,8 g.

Benötigt werden an Zutaten:
- 200 Gramm Zucchini,
- 250 Gramm halb und halb Hackfleisch,
- 400 Gramm Tomaten (in Dose),
- 1 mittelgroße Zwiebel,
- 1 Esslöffel Pflanzenöl,
- 1 Esslöffel Ketchup bzw. Tomatenmark,
- 100 Gramm geriebener Käse nach Wahl,
- 1 bis 2 Knoblauchzehen,
- Salz und Pfeffer,
- 125 Gramm Mozzarella.

Ab an die Umsetzung:
1. Zwiebel schälen, kleinschneiden und in Öl glasig dünsten.
2. Hackfleisch dazugeben, mit einem Pfannenwender zerkleinern und gar braten.
3. Knoblauch schälen und kleinhacken.

4. Knoblauch und Tomatenmark zum Hackfleisch geben.
5. Alles gut mischen und Tomaten hinzufügen.
6. Die Hälfte in eine Auflaufform geben.
7. Zucchini waschen und je vom Blüten- und Stielansatz befreien.
8. Nun Zucchini in breite Streifen schneiden und sie salzen und pfeffern. Die Streifen werden dann auf die Bolognese-Sauce geschichtet. Sie können einzeln oder doppelt gelegt werden.
9. Mozzarella in Scheibchen schneiden und auf die Zucchini legen.
10. Den Rest der Bolognese darauf verteilen.
11. Spätestens nun den Ofen vorheizen.
12. Käse auf dem oberen Bolognese geben.
13. Bei Ober- und Unterhitze die Bolognese etwa 15 Minuten backen.

Zucchini-Lasagne mit Champignons (vegetarisch) (für 4 Personen):

Nährwerte pro 1 Portion

Energie: etwa 1197,43 kJ/286 kcal,
Fett: etwa 21,98 g,
Kohlenhydrate: etwa 6,98 g,
Eiweiß: etwa 14,88 g.

Benötigt werden an Zutaten:
- 250 Gramm Zucchini,

- 250 Gramm Tomaten,
- 100 bis 120 Gramm Champignons,
- 1 Zwiebel,
- 1 Esslöffel Mehl,
- ½ Teelöffel Gemüsebrühepulver,
- 2 Esslöffel Pflanzenöl,
- etwas Oregano,
- 100 Gramm Sahne,
- 200 bis 250 Gramm geriebener Käse,
- Salz und Pfeffer,
- Lasagneplatten ohne Vorkochen.

Ab an die Umsetzung:
1. Zucchini waschen und den Stiel- und Blütenansatz wegschneiden.
2. Zucchini grob raspeln.
3. Tomaten häuten und danach würfeln.
4. Pilze putzen und zerkleinern.
5. Zwiebel schälen, würfeln sowie Öl in einer Pfanne erhitzen.
6. Zwiebel in Öl anbraten.
7. Mehl darüber geben.
8. Zucchini, Tomaten und Pilze mit hineingeben.
9. Mit Oregano, Gemüsebrühepulver, Salz und Pfeffer würzen und etwa 5 Minuten köcheln lassen.
10. Nun mit Sahne ablöschen.
11. Die Auflaufform mit Öl einfetten.
12. Als Unterschicht etwas der Gemüsesoße darin verteilen.
13. Danach Lasagneplatten, Soße und Käse abwechselnd einfüllen.

14. Zum Schluss oben mit Käse enden und alles 30 bis 35 Minuten bei etwa 200 °C Ober- und Unterhitze (Gas: Stufe 3 oder 4) backen.

Zucchini-Suppe:
Einfache Zucchini-Suppe (vegetarisch) (für 4 Personen):

Nährwerte pro 1 Portion

Energie: etwa 376 kJ/114 kcal,
Fett: etwa 6,18 g,
Kohlenhydrate: etwa 4,57 g,
Eiweiß: etwa 2,57 g.

Benötigt werden an Zutaten:
- 400 Gramm Zucchini,
- 2 Esslöffel Pflanzenöl,
- 1 Zwiebel,
- ¾ Liter Gemüsebrühe,
- etwas Milch oder Schlagsahne,
- Salz und Pfeffer.

Ab an die Umsetzung:
1. Zucchini waschen, Stiel- und Blütenansatz wegschneiden und Zucchini stückeln.
2. Zwiebel schälen und zerkleinern.

3. Öl in einem Zopf erhitzen. Zwiebeln darin glasig anbraten.
4. Zucchini dazugeben und ebenso leicht anrösten.
5. Gemüsebrühe zu bereiten und in den Topf geben.
6. Alles 15 bis 20 Minuten köcheln lassen.
7. Die Zucchini-Suppe mit einem Pürierstab pürieren.
8. Milch/Schlagsahne in die Suppe geben.
9. Alles nach Geschmack pfeffern und salzen und cremig rühren mit einem Pürierstab.

TIPP: Als Beilage können Brotprodukte und/oder Salat dienen. Wer Fleischesser ist, kann die einfache Zucchini-Suppe zudem mit Hackbällchen, gebratenem Hähnchenfleisch oder gebratenen Schinkenwürfeln anreichern.

Zucchini-Gemüsesuppe mit Frischkäse (vegetarisch) (für 4 Personen):

Nährwerte pro 1 Portion

Energie: etwa 774,56 kJ/185 kcal,
Fett: etwa 9,91 g,
Kohlenhydrate: etwa 16,17 g,
Eiweiß: etwa 6,84 g.

Benötigt werden an Zutaten:
- 2 bis 3 Zucchini,
- 2 große Möhren,
- 1 große Zwiebel,
- 2 bis 3 mittelgroße Kartoffeln,
- 100 Gramm Frischkäse,
- etwas Pflanzenöl,
- 500 Milliliter Gemüsebrühe,
- Salz und Pfeffer,
- Kräuter zum Garnieren.

Ab an die Umsetzung:
1. Zucchini waschen und Stiel- und Blütenansatz bei jedem Zucchino entfernen.
2. Beide Möhren und die Kartoffeln waschen und schälen.
3. Zwiebel schälen.
4. Alles an Gemüse würfeln.
5. Öl in einem Topf erhitzen. Zwiebeln darin glasig dünsten. Alles Gemüse dazugeben.
6. Gemüsebrühe zubereiten und zu den Gemüse schütten.
7. Alles 15 Minuten kochen. Dann pürieren.
8. Nun die Suppe salzen und pfeffern und den Frischkäse mit reingeben. Zum Schluss die Suppe mit gewaschenen und zerkleinerten Kräutern (etwa Petersilie oder Schnittlauch) garnieren.

Zucchini-Paprika-Tomaten-Suppe (vegan) (für 4 Personen):

Nährwerte pro 1 Portion

Energie: etwa 326 kJ/122 kcal,
Fett: etwa 1,38 g,
Kohlenhydrate: etwa 9,09 g,
Eiweiß: etwa 3,94 g

Benötigt werden an Zutaten:
- 600 Gramm Zucchini,
- 2 rote Paprika,
- 1400 Milliliter Gemüsebrühe,
- 2 Tassen Cocktail-Tomaten,
- Salz und Pfeffer,
- 2 Zweige Thymian,
- 2 Spritzer Essig, wenn möglich Tomatenessig.

Ab an die Umsetzung:
1. Zucchini waschen, Stiel- und Blütenansatz bei jedem Zucchino entfernen.
2. Zucchini halbieren und entkernen. In Würfel zerschneiden.
3. Paprika waschen und halbieren.
4. Stängel und Kerne aus Paprika entfernen.
5. Paprika in Streifen schneiden.
6. Tomaten waschen. Dieses Gemüse halbieren und ihren Stielansatz wegschneiden.
7. Gemüsebrühe zubereiten und Paprika sowie Zucchini darin weichkochen.
8. Tomaten hinzugeben. Einmal aufkochen.

9. Die Suppe pfeffern und salzen. Mit Essig abschmecken.
10. Thymian waschen, trocknen. Die Thymian-Blätter vom Stiel zupfen und die Suppe damit garnieren.

Zucchini-Puffer:

TIPP für Zucchini-Puffer allgemein:
Die fertigen Zucchini-Puffer können im Ofen bei etwa 50 bis 60 °C Umluft warmgehalten werden (bei Gas, die kleinste Stufe).

Zucchini-Puffer mit Knoblauch (vegetarisch) (für 4 Personen):

Nährwerte pro 1 Portion

Energie: etwa 1184,68 kJ/283 kcal,
Fett: etwa 13 g,
Kohlenhydrate: etwa 27 g,
Eiweiß: etwa 13 g.

Benötigt werden an Zutaten:
- 800 Gramm Zucchini,
- 1 Zwiebel,
- Salz und Pfeffer,
- 1 Knoblauchzehe,
- 3 Esslöffel Olivenöl + Pflanzenöl zum Braten,

- 2 bis 3 Eier,
- 2 Esslöffel Semmelbrösel, nach Möglichkeit Vollkorn,
- 8 Esslöffel Mehl, nach Möglichkeit Vollkorn.

Ab an die Umsetzung:
1. Zwiebeln und Knoblauch schälen. Beides feinhacken. Pflanzenöl in einer Pfanne erhitzen.
2. Zwiebeln und Knoblauch im Öl glasig dünsten. Dann abkühlen lassen.
3. Zucchini waschen, jeweils den Stiel- und Blütenansatz entfernen und raspeln. In ein Sieb geben und mit Salz mischen.
4. Zucchini 20 Minuten ziehen lassen.
5. Dann Ausdrücken. Zucchini mit angedünsteten Zwiebeln und Knoblauch mischen. Mehl und Eier verquirlen und mit dem Gemüse vermischen.
6. Mit Pfeffer würzen. Semmelbrösel dazugeben. (Am Ende muss die Masse nicht mehr flüssig, aber locker sein.)
7. Restliches Pflanzenöl in einer Pfanne erhitzen. Teighäufchen hineinsetzen und flach drücken.
8. Jede Häufchen von beiden Seiten gold-braun braten.

Zucchini-Puffer mit Haferflocken (vegetarisch)
(für 4 Personen):

Nährwerte pro 1 Portion
Energie: etwa 1825,44 kJ/436 kcal,
Fett: etwa 23,03 g,
Kohlenhydrate: etwa 35,46 g,
Eiweiß: etwa 21,37 g.

Benötigt werden an Zutaten:
- 670 Gramm Zucchini,
- 1 mittelgroße Zwiebel,
- 1 Knoblauchzehe,
- 3 bis 4 Eier,
- eventuell etwas Mehl,
- 200 Gramm Haferflocken,
- Pflanzenöl,
- Salz und Pfeffer,
- etwa 70 Gramm geriebener Käse nach Wahl.

Ab an die Umsetzung:
1. Zucchini waschen und den Stiel- und Blütenansatz bei jedem Zucchino entfernen.
2. Zucchini zerreiben. Knoblauch und Zwiebeln schälen und fein hacken.
3. Alle Zutaten (außer Eier) vermischen.
4. Eier unterrühren. Ist die Masse zu flüssig, etwas Mehl hinzugeben.
5. Öl in einer Pfanne erhitzen. Teighäufchen hineingeben. Zucchini-Puffer von beiden Seiten gold-braun anbraten.

Zucchini-Puffer mit Kartoffeln (für 4 Personen):

Nährwerte pro 1 Portion

Energie: etwa 1105,32 kJ/264 kcal,
Fett: etwa 12,35 g,
Kohlenhydrate: etwa 25,67 g,
Eiweiß: etwa 11,76 g.

Was wird benötigt an Zutaten:
- 500 Gramm vorwiegend festkochende Kartoffeln,
- 4 Eier,
- 1 Zucchino,
- Salz und Pfeffer,
- Pflanzenöl,
- 3 Esslöffel Mehl,
- Kräuter.

Ab an die Umsetzung:
1. Zucchino vom Stiel- und Blütenansatz befreien.
2. Zucchino und Kartoffeln waschen. Nun schälen und reiben.
3. Zwiebel schälen. In feine Stücke schneiden oder ebenso reiben.
4. Eier als auch Kräuter unterrühren. Etwas Salz und Pfeffer dazugeben.
5. Nun Mehl hinzufügen. Alles verrühren.
6. Öl in einer Pfanne erhitzen und für 1 Puffer zwei gehäufte Esslöffel Teig hineingeben. Beide Seiten gold-braun anbraten.

Zucchini-Pommes:

TIPP für Zucchini-Pommes allgemein:
Die fertigen Zucchini-Pommes können mit verschiedenen Dips (etwa Tzatziki), Ketchup, Mayonnaise oder ohne was verzehrt werden. Am besten werden sie noch warm gegessen.

Zucchini-Pommes frittiert (vegan) (für 4 Personen):

Nährwerte pro 1 Portion

Energie: etwa 676 kJ/161 kcal,
Fett: etwa 3,28 g,
Kohlenhydrate: etwa 26,63 g,
Eiweiß: etwa 4,96 g.

Benötigt werden an Zutaten:
- 500 Gramm Zucchini,
- 1 Esslöffel Pflanzenöl,
- 1 Prise Pfeffer,
- 1 Teelöffel Salz,
- 1 Teelöffel trockene Kräuter, etwa Basilikum,
- 3 bis 4 Esslöffel Semmelbrösel,
- 1 Tasse Wasser,
- 1 Tasse Mehl.

Ab an die Umsetzung:
1. Zucchini waschen und von jedem Zucchino den Stiel- und Blütenansatz entfernen.
2. Zucchini in fingerdicke Stifte schneiden, mit der gewünschten Pommes-Länge.
3. Mehl, Semmelbrösel, Salz, Pfeffer und Kräuter mischen.
4. Wasser hinzugeben. Alles zu einem Teig vermischen. Zucchini-Stifte darin eintauchen.
5. Öl erhitzen. Zucchini-Stifte im heißen Pflanzenöl gold-braun braten.

Zucchini-Pommes aus dem Backofen (vegetarisch) (für 4 Personen):

Nährwerte pro 1 Portion

Energie: etwa 1067,63 kJ/255 kcal,
Fett: etwa 19 g,
Kohlenhydrate: etwa 2 g,
Eiweiß: etwa 16 g.

Benötigt werden an Zutaten:
- 600 Gramm Zucchini,
- 80 Gramm geriebener Parmesan,
- 2 Eier,
- 80 Gramm Mehl.

Ab an die Umsetzung:
1. Zucchini waschen, Stiel- und Blütenansatz jeweils entfernen und fingerdicke Stifte schneiden.
2. Backofen auf 200 °C Umluft vorheizen.
3. Eier verquirlen.
4. Parmesan und Mehl mischen.
5. Danach die Zucchini-Stifte erst in die Eiermasse tauschen und dann in der Mehl-Käse-Mischung wälzen.
6. Zucchini-Stifte auf ein Backblech mit Backpapier legen. 10 bis 15 Minuten bei 200 °C Umluft backen (Gas: Stufe 4).

Zucchini-Pommes mit Knoblauch (vegan) (für 4 Personen):

Nährwerte pro 1 Portion

Energie: etwa 456,36 kJ/109 kcal,
Fett: etwa 7,61 g,
Kohlenhydrate: etwa 6,90 g,
Eiweiß: etwa 3,13 g.

Benötigt werden an Zutaten:
- 2 große oder 4 kleine Zucchini,
- 4 Esslöffel Pflanzenöl,
- 1 Teelöffel Salz,
- 1 bis 2 Knoblauchzehen,
- 1 Esslöffel trockene Kräuter, etwa Oregano.

Ab an die Umsetzung:
1. Zucchini waschen, Stiel- und Blütenansätze entfernen und in pommesähnliche Stifte schneiden.
2. Knoblauch schälen. Zerdrücken und mit Zucchini mischen.
3. Pflanzenöl, Salz und Kräuter dazugeben und alles vermischen.
4. Backofen vorheizen.
5. Ein Blech mit Backpapier auslegen und Zucchini-Pommes darauf verteilen. Dann bei etwa 160 °C 15 Minuten backen.

Gegrillte Zucchini:
Zucchini-Halloumi-Spieße (vegetarisch) (für 4 Personen):

Nährwerte pro 1 Portion

Energie: etwa 842 kJ/201 kcal,
Fett: etwa 15,1 g,
Kohlenhydrate: etwa 1,7 g,
Eiweiß: etwa 14,8 g.

Benötigt werden an Zutaten:
- 200 Gramm Halloumi Grillkäse,
- 2 kleine Zucchini oder 1 großer Zucchino.

Ab an die Umsetzung:
1. Zucchini waschen, trocknen und Stiel- und Blütenansätze wegschneiden.
2. Zucchini in größere Stücke schneiden (3 cm).
3. Käse würfen (3 cm).
4. 2 Zucchini- und 2 Käsestücke auf Holzspieße stecken (abwechselnd, immer 1x Zucchini und 1x Käse).
5. Auf dem Grill rösten, bis der Käse farbig ist.

Gegrillte Zucchini-Scheiben (vegan) (für 4 Personen):

Nährwerte pro 1 Portion

Energie: etwa 778,74 kJ/186 kcal,
Fett: etwa 15 g,
Kohlenhydrate: etwa 5 g,
Eiweiß: etwa 4 g.

Benötigt werden an Zutaten:
- 1 Kilogramm Zucchini,
- 1 bis 4 Esslöffel Pflanzenöl,
- Salz und Pfeffer,
- Zitronensaft,
- bis 8 Stiele Thymian.

Ab an die Umsetzung:
1. Zucchini waschen, Blüten- und Stielansätze je entfernen und in ½ cm dicke Scheiben schneiden.
2. Zucchini mit 1 EL Öl und 4 Stielen Thymian (vorher waschen und trocken schütteln) mischen.
3. Nun die Scheiben 2 Minuten je Seite grillen.
4. Danach mit Salz und Pfeffer würzen. Mit Zitronensaft beträufeln.

Gegrillte Zucchini-Scheiben können auf dem Rost oder in einer Pfanne gegrillt werden. Den Rost vorher reich-

lich einfetten. Beim Grillen in der Pfanne 3 EL Pflanzenöl zuvor dort hineingeben.

Gefüllte Grill-Zucchini (für 4 Personen):

Nährwerte pro 1 Portion

Energie: etwa 937 kJ/224 kcal,
Fett: etwa 16,4 g,
Kohlenhydrate: etwa 0,1 g,
Eiweiß: etwa 19,4 g.

Benötigt werden an Zutaten:
- 4 Zucchini am besten rund,
- 1 rote Paprika,
- 1 große Tomate,
- 1 Zwiebel,
- 2 Knoblauchzehen,
- Salz und Pfeffer,
- 400 Gramm Hackfleisch,
- eventuell ein wenig Pflanzenöl,
- 4 Scheiben Mozzarella,
- etwas Weißwein oder Wasser,
- etwas Chilipulver,
- etwas gewaschene, trocken geschüttelte und gehackte Petersilie.

Ab an die Umsetzung:
1. Zucchini waschen. Bei runden Zucchini den Deckel abschneiden und bei länglichen

Früchten Stiel und Blütenansätze entfernen. Und halbieren. Früchte aushöhlen.
2. Die ausgehöhlten Zucchini innen salzen.
3. Paprika waschen, entstielen, entkernen und klein schneiden. Tomate waschen und zerkleinern.
4. Zwiebel schälen und würfeln. Knoblauchzehen schälen und klein hacken.
5. Gemüse (außer Zucchini) in einer Pfanne anrösten. Eventuell etwas Öl dazu nehmen.
6. Hackfleisch dazugeben. Kräftig anbraten.
7. Würzen.
8. Mit ein wenig Weißwein oder Wasser ablöschen. Leicht abkühlen lassen.
9. Zucchini trocken tupfen und mit der Masse füllen.
10. Oben ½ bis 1 Scheibe Mozzarella jeweils darauflegen. Bei runden Zucchini mit dem Deckel abschließen.
11. Nun auf den Grill setzen, bis die gewünschte Gare erreicht ist.

Salate:
Einfacher Zucchini-Salat mit Minze (vegan) (für 4 Personen):

Nährwerte pro 1 Portion
Energie: 192,59 kJ/46kcal,
Fett: etwa 0,6 g,
Kohlenhydrate: etwa 5 g,
Eiweiß: etwa 4,2 g.

Benötigt werden an Zutaten:
- 4 kleine bis mittelgroße Zucchini,
- Saft einer Zitrone,
- 2 Minze-Zweige,
- 1 Prise Pfeffer und 1 Prise Salz.

Ab an die Umsetzung:
1. Zucchini waschen, trocknen und Vorder- und Hinterstücke wegschneiden.
2. Nun Zucchini entweder mit einem Sparschäler in Streifen oder mit einem Messer in kleine Würfel schneiden.
3. Minze fein hacken. Zitrone halbieren und den Saft herausdrücken.
4. Gehackte Minze mit Zitronensaft und Zucchini vermengen.
5. Salat mit Salz und Pfeffer abschmecken.

Leichter Zucchini-Salat mit Honig-Dressing (vegetarisch) (für 4 Personen):

Nährwerte pro 1 Portion

Energie: etwa 937,84 kJ/224 kcal,
Fett: etwa 20 g,
Kohlenhydrate: etwa 7 g,
Eiweiß: etwa 2 g.

Benötigt werden an Zutaten:
- 600 Gramm Zucchini,

- 1 Beet Kresse/Gartenkresse,
- Salz und Pfeffer,
- 4 Esslöffel Zitronensaft,
- 7 bis 8 Esslöffel Pflanzenöl, etwa Olivenöl,
- 1 Esslöffel flüssiger Honig.

Ab an die Umsetzung:
1. Zucchini waschen und je vom Stiel- und Blütenansatz befreien.
2. Zitronensaft, Honig, Pfeffer und Salz in eine Schüssel geben und gut verrühren. Pflanzenöl unterrühren.
3. Zucchini grob raspeln und darunterheben.
4. Gartenkresse abschneiden, waschen und trocken schütteln. Über den Salat verteilen.

Zucchini-Salat mit Reis (vegetarisch) (für 4 Personen):

Nährwerte pro 1 Portion

Energie: etwa 1517 kJ/363 kcal,
Fett: etwa 19 g,
Kohlenhydrate: etwa 36 g,
Eiweiß: etwa 12 g.

Benötigt werden an Zutaten:
- 170 Gramm Reis,
- 400 Gramm Zucchini,
- Wasser/Leitungswasser,

- 35 Gramm Zwiebeln,
- 400 Milliliter Wasser,
- ½ Knoblauchzehe,
- ½ Brühwürfel „Klare Suppe" oder 5 Gramm Brühepulver,
- 2 Esslöffel Weißweinessig,
- 3 Esslöffel Olivenöl,
- 130 Gramm Schafskäse,
- etwa 100 Gramm Tomaten,
- 1 Stängel Petersilie,
- Pfeffer zum Abschmecken,
- Oliven nach Belieben.

Ab an die Umsetzung:
1. Den Reis waschen.
2. Knoblauch und Zwiebel schälen und in kleine Würfel schneiden.
3. Wasser zum Kochen bringen.
4. Brühwürfel oder Brühepulver darin auflösen.
5. Knoblauch, Zwiebeln und Reis hineingeben.
6. 30 Minuten alles quellen lassen, bei geschlossenem Deckel.
7. Bei Zucchini Vorder- und Hinterstücke abschneiden. Zucchini waschen und trocknen.
8. Zucchini in Würfel schneiden und in eine große Schüssel geben.
9. Weißweinessig und Olivenöl dazugeben.
10. Tomaten waschen und ihren Blütenansatz entfernen.
11. Tomaten und Schafskäse würfeln.
12. Reis abschütten und ihn zusammen mit den Tomaten in die Zucchini-Schüssel geben.

13. Wenn gewünscht, Oliven zerkleinern und hinzugeben.
14. Petersilie waschen, trocken schütteln sowie hacken.
15. Den Salat mit Pfeffer abschmecken. Mit Petersilie garnieren.

Dip mit Zucchini
Zucchini-Dip mit Knoblauch und Schafskäse (vegetarisch) (für 4 Personen):

Nährwerte pro 1 Portion

Energie: 841,55 kJ/201 kcal,
Fett: etwa 15,88 g,
Kohlenhydrate: etwa 3,94 g,
Eiweiß: etwa 10,31 g.

Benötigt werden an Zutaten:
- 500 Gramm Zucchini,
- 2 bis 3 Knoblauchzehen,
- 1 Paprikaschote,
- 200 Gramm Schafskäse,
- 1 bis 2 Esslöffel Pflanzenöl, etwa Olivenöl,
- 1 Teelöffel Zitronensaft,
- Salz und Pfeffer,
- 1 Esslöffel Kräuter nach Wahl,
- Paprikapulver.

Ab an die Umsetzung:
1. Zucchini jeweils vom Stiel- und Blütenansatz befreien und schälen.
2. Zucchini würfeln.
3. Eventuelle Kerne entfernen und in 1 EL Öl in einer Pfanne leicht bräunen. Sollten die Zucchini keine Kerne besitzen, dann diesen Schritt einfach auslassen.
4. Knoblauch schälen und hacken.
5. Knoblauch und Zucchini-Würfel mit 1 EL Öl pürieren.
6. Schafskäse würfeln und unter die Creme heben.
7. Paprika waschen. Dann entkernen und würfeln.
8. Kräuter waschen, trocken schütteln und klein hacken.
9. Paprika und Kräuter unter die Zucchini-Knoblauch-Käse-Mischung rühren.
10. Mit Paprikapulver, Zitronensaft, Salz und Pfeffer abschmecken.
11. Den Dip 30 Minuten kühl stellen.

Scharfes Tomaten-Zucchini-Salsa (vegetarisch)
(für 4 Personen):

Nährwerte pro 100 Gramm

Energie: 552 kJ/132 kcal,
Fett: etwa 8,2 g,
Kohlenhydrate: etwa 8,6 g,
Eiweiß: etwa 5,1 g.

Benötigt werden an Zutaten:
- 500 Gramm Zucchini,
- 530 Gramm Tomaten,
- 2 bis 3 rote Chilischoten,
- 2 Knoblauchzehen,
- 100 Gramm Zwiebel,
- 1 Esslöffel brauner Zucker,
- 1 bis 1,5 Esslöffel Weißweinessig,
- 70 Milliliter Gemüsebrühe,
- 2 Teelöffel Senfkörner,
- ½ Teelöffel Curcuma,
- ½ Teelöffel Paprikapulver scharf,
- ½ Teelöffel Paprikapulver edelsüß,
- ½ Teelöffel Muskat,
- ½ Teelöffel Kreuzkümmel,
- ½ Packung Tomatenpüree,
- etwas Tomatenmark,
- 50 Gramm Parmesan,
- schwarzer Pfeffer und Salz.

Ab an die Umsetzung:
1. Zucchini waschen, Stiel- und Blütenansatz jeweils entfernen und raspeln. Zwiebeln schälen und würfeln. Chili klein hacken. All diese Zutaten mit Salz vermischen und mehrere Stunden stehen lassen. Am nächsten Tag oder am Abend in ein Sieb geben und abtropfen lassen.
2. Knoblauch schälen und zerdrücken, Tomaten waschen, entstielen und vierteln. Gemüsebrühe nach Packungsanweisung zubereiten.

3. Alle Zutaten außer Tomatenmark, Parmesan und Tomatenpüree zusammen vermischen. In einem Topf 30 Minuten köcheln lassen.
4. Tomatenmark, Tomatenpüree und geriebenen Parmesan hinzugeben.
5. Mit einem Pürierstab alles pürieren und aufkochen lassen.
6. Anschließend kann das Salsa in Gläser gefüllt werden. Diese werden für 5 Minuten auf den Kopf gestellt und sollen abkühlen. Danach ist das Salsa essbar.

Würziges Zucchini-Chutney (vegan) (für 4 Portionen):

Nährwerte pro 1 Portion

Energie: 547 kJ/131 kcal,
Fett: etwa 0,80 g,
Kohlenhydrate: etwa 25,22 g,
Eiweiß: etwa 2,81 g.

Benötigt werden an Zutaten:
- 500 Gramm Zucchini,
- 2 Knoblauchzehen,
- 2 Zwiebeln,
- 1 Esslöffel Salz,
- 70 Gramm Zucker,
- 150 Milliliter Balsamico-Essig,
- 1 Paprika,

- Pflanzenöl,
- 1 TL Currypulver.

Ab an die Umsetzung:
1. Zucchini waschen, Stiel- und Blütenansätze entfernen und klein schneiden.
2. Paprika waschen, entkernen sowie klein schneiden.
3. Zucchini salzen, 10 Minuten stehen lassen und abtropfen lassen.
4. Zwiebeln und Knoblauch schälen. Beides fein hacken.
5. Paprika, Knoblauch und Zwiebel in heißes Öl geben und andünsten.
6. Zucchini unterrühren.
7. Mit Zucker, Essig und Curry abschmecken.
8. Einmachgläser kalt abspülen. Die Menge einfüllen und gut verschließen. Die Gläser auf den Kopf stellen und so kalt werden lassen.

Dips für Zucchini-Gerichte:
Gurkenjoghurt-Dip (vegetarisch) (für 4 Personen mit je 2 Portionen):

Nährwerte pro 1 Portion

Energie: 104,67 kJ/25 kcal,
Fett: etwa 1 g,
Kohlenhydrate: etwa 2 g,
Eiweiß: etwa 1 g.

Benötigt werden an Zutaten:
- 1/2 Salatgurke,
- 250 Gramm Vollmilchjoghurt „Natur",
- ½ Bio-Zitrone,
- Salz und Pfeffer.

Ab an die Umsetzung:
1. Gurke waschen und schälen. Nun grob reiben.
2. Zitrone waschen und trocknen.
3. Zitronenschale abreiben.
4. ½ TL Zitronenschale und Gurke mit Joghurt verrühren.
5. Salzen und pfeffern.

> **TIPP:** Eignet sich besonders gut als Beilage zu Zucchinipuffer oder gegrillte Zucchini.

Tzatziki (vegetarisch) (für 4 Portionen):

Nährwerte pro 1 Portion

Energie: 135 kJ/32 kcal,
Fett: etwa 2,65 g,
Kohlenhydrate: etwa 1,59 g,
Eiweiß: etwa 0,52 g.

Benötigt werden an Zutaten:
- ½ Salatgurke,
- 500 Gramm Naturjoghurt (mindestens 3 % Fett),
- 1 EL Olivenöl,

- Salz und Pfeffer,
- 2 Knoblauchzehen,
- 1 EL frische, gehackte Kräuter.

Ab an die Umsetzung:
1. Joghurt etwas abtropfen lassen und Olivenöl unterrühren.
2. Gurke waschen. Nach Wunsch die Schale abschälen.
3. Gurke reiben. Die Flüssigkeit etwas ausdrücken.
4. Die Salatgurke unter den Joghurt heben.
5. Knoblauch schälen, pressen und ebenso hinzufügen.
6. Alles umrühren und mit Kräutern, Salz und Pfeffer abschmecken.
7. Tztatziki 60 Minuten kühl stellen.

Zucchini-Marmelade:

Zucchini-Apfel-Marmelade (vegan) (für 4 Personen):

Nährwerte pro 1 Portion

Energie: 229 kJ/55 kcal,
Fett: etwa 1,04 g,
Kohlenhydrate: etwa 7,7 g,
Eiweiß: etwa 2,68 g.

Benötigt werden an Zutaten:
- 2 Zucchini,

- Gelierzucker,
- 2 Zitronen /Zitronensaft,
- 1 Kilogramm Äpfel.

Ab an die Umsetzung:
1. Zucchini waschen, Stiel- und Blütenansatz jeweils entfernen und fein reiben.
2. Äpfel waschen und fein reiben.
3. Zitronen auspressen. Saft über die Äpfel geben.
4. Zucchini, Zitronensaft und Äpfel mit Gelierzucker aufkochen. Dabei die Packungsanweisung des Gelierzuckers beachten.
5. Alles pürieren und in Gläser füllen.

Gebäck:

Zucchini-Haselnuss-Kuchen (vegetarisch) (für 12 Portionen, also 1 Kuchen):

Nährwerte pro 1 Portion

Energie: 1754,26 kJ/419 kcal,
Fett: etwa 21,52 g,
Kohlenhydrate: etwa 50,37 g,
Eiweiß: etwa 6,40 g.

Benötigt werden an Zutaten:
- 3 Eier,
- 400 Gramm Zucchini,
- 300 Gramm Mehl,

- 150 Milliliter Öl,
- 350 Gramm Zucker,
- 1 Teelöffel Zimt,
- 1 Päckchen Backpulver,
- 150 Gramm gemahlene Haselnüsse,
- 1 Esslöffel Butter oder Margarine und 1 Esslöffel Mehl für die Form.

Ab an die Umsetzung:
1. Zucchini waschen, Stiel- und Blütenansatz jeweils entfernen, schälen und fein reiben.
2. Eier und Zucker in einer Schüssel schaumig rühren. Öl und Nüsse unterrühren.
3. Backpulver, Mehl und Zimt mischen und mit Vorsicht unter die Masse heben. Zucchini unterheben.
4. Backofen vorheizen.
5. Eine Kuchenform, am besten Kastenform, ausfetten und mit Mehl bestäuben. Ersatzweise mit Backpapier auslegen.
6. Den Teig so darin verteilen.
7. Nun bei 200 °C Ober- und Unterhitze (Gas: Stufe 4) den Kuchen etwa 1 Stunde backen. Achtung: Je nach Füllhöhe kann die Backzeit auch geringer oder mehr sein.

Zucchini-Chips
Zucchini-Chips einfach (vegan) (für 4 Portionen):

Nährwerte pro 1 Portion

Energie: 524 kJ/125 kcal,
Fett: etwa 8,73 g,
Kohlenhydrate: etwa 6,0 g,
Eiweiß: etwa 3,60 g

Benötigt werden an Zutaten:
- 3 Zucchini,
- 3 Esslöffel Pflanzenöl,
- 1 Esslöffel Salz.

Ab an die Umsetzung:
1. Den Backofen auf 180 °C Umluft vorheizen.
2. Zucchini waschen, Stiel- und Blütenansatz bei jedem Zucchino entfernen und Zucchini in Scheiben schneiden.
3. Zucchini salzen und 20 Minuten stehen lassen.
4. Zucchini-Scheiben, dann in Öl legen.
5. Die eingelegten Gemüse-Scheiben nun auf einem Blech mit Backpapier verteilen.
6. Zucchini-Scheiben knusprig backen.

TIPP: Auf Wunsch können die Zucchini-Chips vor dem Backen noch mit Paprika-Pulver bestreut werden.

Eingelegte Zucchini (vegan)

Benötigt werden an Zutaten:
- 1 oder mehrere Zucchini,
- 1 Teelöffel Salz je 1 kleiner Zucchino,
- je 1 Kilogramm Zucchini 300 Milliliter Essig,
- einige Pfefferkörner,
- nach Wunsch Paprika, Salz, Knoblauch, Zucker und Zwiebeln.

Ab an die Umsetzung:
1. Zucchini waschen, Enden entfernen und kleinschneiden.
2. Gemüse in einem Topf mit Salz bestreuen.
3. Alles 30 Minuten gehen lassen.
4. Mit Essig aufgießen.
5. Wie gewünscht mit Zucker, Salz, Paprika, Knoblauch und Zwiebeln abschmecken.
6. Alles 5 bis 10 Minuten kochen.
7. Die Masse in sterilisierte Gläser füllen und gleich verschließen.

TIPP: Für eine höhere Haltbarkeit, die Gläser 20 Minuten bei 180° im Einweckautomat oder im Wasser-bad zukochen.

Anhang

Verwendet Links für den Zucchini Text:

•https://de.wikipedia.org/wiki/Frucht
•https://www.google.ce/search?sxsrf=ALeKk02IdtpaWdr2vf9mrWX4RZ6-NnqgQQ%3A1616065102851&ei=TjJTYMW5M4njgwe3g7zQCQ&q=frucht+definition&oq=frucht+de&gs_lcp=Cgdnd3Mtd2l6EAEYADIMCAAQhwIQFBBGEPkBMgIIADICCAAyAggAMgIIADICCAAyAggAMgIIADICCAAyAggAOgcIIxCwAxAnOgcIABBHELADOg0ILhCwAxDIAxBDEIsDOhMILhCwAxDIAxBDEIsDEKgDEJ8DOgQIIxAnOgcIABCHAhAUOgIILkoFCDgSATFQhGtY9HBg5HhoAXACeACAAbQBiAHZA5IBAzIuMpgBAKABAaoBB2d3cy13aXrIAQ-4AQLAAQE&sclient=gws-wiz
•https://de.wiktionary.org/wiki/Zucchini#:~:text=Im%20Italienischen%20ist%20zucchini%20der,umgangssprachlich%20auch%2Cim%20Maskulinum%20gebraucht.&text=Plural%20von%20italienisch%20zucchino%20%E2%86%92,von%20zucca%20%E2%86%92%20it%20%E2%80%9EK%C3%BCrbis%E2%80%9C
https://de.wikipedia.org/wiki/Zucchini
•https://www.maggi.de/kochratgeber/zucchini/#:~:text=Die%20Zucchini%20ist%20eine%20Form,%E2%80%9EZucca%E2%80%9C%2C%20dem%20K%C3%BCrbis
https://www.staiger-gmbh.de/service/warenkunde/zucchini.php
•https://deaflora.de/Shop/Zucchini-und-Patisson/Zucchini-Bianco-di-Sicilia.html?language=de#:~:text=Zucchini%20Bianco%20di%20Sicilia%20(Samen),-Cucurbita%20pepo&text=Stammt%20aus%20Sizilien.,bleiben%20weich%20bei%20knackigem%20Fleisch.
https://www.gartenrot.com/zucchini-tondo-chiaro-di-nizza-samen.html#:~:text=Die%20Zucchini%20'Tondo%20chiaro%20di%20Nizza'%20entwickelt%20runde,Schale%20ist%20hellgr%C3%BCn%20und%20das%20Fruchtfleisch%20fast%20wei%C3%9F.
•https://www.baldur-garten.de/produkt/Zucchini_Samen/10577/Trends/Samen/Gemuesesamen/Zucchini+Samen/Zucchini+Eight+Ball+F1/detail.html?gclsrc=aw.ds&ds_rl=1278422&ds_rl=1278422&gclid=CjwKCAjwgOGCBhAlEiwA7FUXkgAfTx4Uyn9-ne4WDsjkl9MEDCQjC2s9Y20XfSeetXqhRG9as5FTEBoC07MQAvD_BwE&gclsrc=aw.ds&et_uk=abb81ad3a70a4ec791db404000f4c226
https://www.baldur-garten.de/produkt/Zucchini/2519/Trends/Gemuese+und+Kraeuter/Gemuese+Pflanzen+A-Z/Zucchini/Zucchini+Eight+Ball+F1/detail.html
•https://www.samenhaus.de/zucchinisamen-zucchini-soleil-von-kiepenkerl/a-3022
•https://www.samenhaus.de/zucchini-green-tiger-f1-zucchinisamen-von-

samen-pfann/a-537350
• https://www.transgen.de/lexikon-nutzpflanzen/1886.zucchini.html
• https://www.iva.de/iva-magazin/schule-wissen/zucchini-kuerbisse-gurkenform
• https://www.google.de/search?biw=1366&bih=657&sxsrf=ALeKk03WAO6Sxl4qUqTP5iUxVMUDZtBfXw%3A1616073093731&ei=hVFTYP-ULNCDjLsPyd-IkAo&q=Henri+Leclerc&oq=Henri+Leclerc&gs_lcp=Cgdnd3Mtd2l6EAMyAggAMgYIABAWEB4yBggAEBYQHjIGCAAQFhAeMgYIABAWEB4yBggAEBYQHjIGCAAQFhAeMgYIABAWEB4yBggAEBYQHjIGCAAQFhAeOgcIIxDqAhAnOgkIIxDqAhAnEBNQg9APWOLYD2CU3Q9oAXAAeACAAZQBiAHnAZIBAzEuMZgBAKABAaABAqoBB2d3cy13aXqwAQrAAQE&sclient=gws-wiz&ved=0ahUKEwi_67q19bnvAhXQAWMBHckvAqIQ4dUDCA0&uact=5
https://www.google.de/search?sxsrf=ALeKk01GG4E1LfOm4Rs6pETBi8fUMbdEsg:1616073092224&q=Giacomo+Castelvetro+wer+war+das&spell=1&sa=X&ved=2ahUKEwj96N609bnvAhUMmRQKHdXcBp0QBSgAegQIAxA6&biw=1366&bih=657
• https://www.google.de/search?biw=1366&bih=657&sxsrf=ALeKk03WAO6Sxl4qUqTP5iUxVMUDZtBfXw%3A1616073093731&ei=hVFTYP-ULNCDjLsPyd-IkAo&q=Leopold+Rosner+&oq=Leopold+Rosner+&gs_lcp=Cgdnd3Mtd2l6EAMyBwgjEOoCECcyBwgjEOoCECcyBwgjEOoCECcyBwgjEOoCECcyBwgjEOoCECcyCQgjEOoCECcQEzIHCCMQ6gIQJzIHCCMQ6gIQJzIHCCMQ6gIQJzIHCCMQ6gIQJ1D6owVYkbEFYL-1BWgCcAB4AIABogKIAaICkgEDMi0xmAEAoAEBoAECqgEHZ3dzLXdpperABCsAB AQ&sclient=gws-wiz&ved=0ahUKEwi_67q19bnvAhXQAWMBHckvAqIQ4dUDCA0&uact=5
• http://www.hoio.ch/index-id=1061.html
• https://www.lfl.bayern.de/mam/cms07/publikationen/daten/merkblaetter/p_20088.pdf
• https://www.heilkraft-der-natur.com/zucchini/
• https://www.rohkostwiki.de/wiki/Zucchini
• https://www.plantura.garden/leserfragen-2/zucchinisorten-ueberblick-ueber-neue-resistente-und-altbewaehrte-sorten
• https://www.gartendialog.de/zucchinisorten-im-ueberblick/
• https://www.samenhaus.de/zucchini-cavili-f1-zucchinisamen-von-samen-pfann/a-537353
• https://www.bingenheimersaatgut.de/de/bio-saatgut/gemuese/zucchini/serafina-g520
• https://www.gartenjournal.net/zucchini-sorten-und-arten
• https://www.samenhaus.de/zucchini-black-jack-f1-hybride-zucchinisamen-von-franchi-sementi/a-530091
• https://www.poetschke.de/zucchinisamen/Zucchinisamen-Marrow-Bush-Baby-F1.html
• https://gardenseedsmarket.com/zucchini-anissa-f1-zucchini-de.html
• https://www.gartennatur.com/zucchini

- https://de.wikipedia.org/wiki/K%C3%BCrbisse
- https://de.wikipedia.org/wiki/K%C3%BCrbisgew%C3%A4chse
- https://de.wikipedia.org/wiki/K%C3%BCrbisartige
- https://de.wikipedia.org/wiki/Samenpflanzen
- https://www.fitforfun.de/abnehmen/gesund-essen/zucchini-das-alles-kann-das-gruene-wunder-286219.html
- http://ernaehrungsdenkwerkstatt.de/fileadmin/user_upload/EDWText/TextElemente/Lebensmittel/Zucchini_Infos_OLT_03_08_08.pdf
- https://www.mein-schoener-garten.de/pflanzen/gemuse/zucchini
- https://www.rohkostwiki.de/wiki/Zucchini
- https://www.gartenjournal.net/zucchini-anbau
- https://www.ndr.de/ratgeber/garten/nutzpflanzen/Zucchini-pflanzen-ernten-und-pflegen-So-gelingt-der-Anbau,zucchini122.html
- https://www.derkleinegarten.de/nutzgarten-kleingarten/saatzucht-und-vermehrung/samenechte-zucchini-sorten.html
- https://www.speisekarte.de/blog/2017/08/18/wussten-sie-schon-zucchini/
- https://www.gartennatur.com/zucchini
- https://www.plantura.garden/leserfragen-2/gemuese/zucchini-pflanzen-und-erfolgreich-anbauen
- https://www.gartengnom.net/zucchini-tipps/
- https://www.gartenjournal.net/zucchini-pflanzen
- https://www.wurzelwerk.net/2019/12/18/zucchini-pflanzen-anbauen/
- https://www.kleingaertnerin.de/ratgeber/fruchtfolge.html
- https://www.baldur-garten.de/onion/content/pflege-tipps/gem%C3%BCse-und-kr%C3%A4uter/zucchini
- https://www.plantura.garden/leserfragen-2/gemuese/zucchini-ernten-und-lagern
- https://www.pflanzen-koelle.de/wie-pflege-ich-meine-zucchini-richtig-pflanzen-a-z
- https://www.nebelung.de/wissenswertes/kulturprobleme/gemuese/zucchini/
- https://www.poetschke.de/beratung/zucchini-ratgeber/
- https://www.mein-schoener-garten.de/gartenpraxis/pflanzenschutz/mehltau-zucchini-und-kuerbis-38709#:~:text=Zucchini%20und%20K%C3%BCrbis%20sind%20besonders%20anf%C3%A4llig%20f%C3%BCr%20den%20Echten%20und%20Falschen%20Mehltau.&text=Echter%20Mehltau%20tritt%20bei%20Hitze,gelben%20Flecken%20auf%20den%20Bl%C3%A4ttern.
- https://www.gartenlexikon.de/zucchini-krankheiten-schaedlinge/
- https://www.selbstversorger.de/zucchini-geht-ein/
- https://www.selbstversorger.de/weisse-fliege-bekaempfen/#schadbild
- https://www.kochbar.de/cms/zucchini-wissenswertes-ueber-das-gesunde-kuerbisgewaechs-2599201.html
- https://www.gartenjournal.net/schachtelhalmjauche
- https://www.mein-schoener-

- garten.de/gartenpraxis/pflanzenschutz/mehltau-zucchini-und-kuerbis-38709#:~:text=Sowohl%20bei%20K%C3%BCrbissen%20als%20auch,die%20Bl%C3%A4tter%20widerstandsf%C3%A4higer%20gegen%20Pilzkrankheiten.
- https://pflanzentanzen.de/pflanzentipps/nutzpflanzen/gemuese/zucchini-mehltau/#:~:text=Milch%2DSpritzung&text=Dazu%20musst%20Du%20Deine%20Zucchini,gemachte%20Spritzmittel%20in%20eine%20Spr%C3%BChflasche.
- https://xn--grneliebe-r9a.de/rapsoel-gegen-blattlaeuse-natuerliches-insektizid-fuer-gemuesepflanzen/
- https://xn--grneliebe-r9a.de/knoblauchsud-gegen-blattlaeuse-herstellen/
- https://www.mein-schoener-garten.de/gartenpraxis/pflanzenschutz/natuerlicher-pflanzenschutz-mit-brennnessel-jauche-co-6701#:~:text=Eine%20Jauche%20aus%20Zwiebeln%20und,der%20fertigen%2C%20f%C3%BCnffach%20verd%C3%BCnnten%20Jauche.
- https://www.meine-ernte.de/gartentipps/rund-um-den-gemuesegarten/kaffeesatzduenger/#c9640
- https://www.native-plants.de/garten-tipps/schaedlinge-und-krankheiten/blattlaeuse-bekaempfen
- https://www.kullnick.de/spruehemulsion-gegen-blattlaeuse/
- https://dachgemuese.com/mein-groesster-feind-mehltau/#:~:text=Sehr%20h%C3%A4ufig%20findet%20man%20die,enthaltenen%20Milchs%C3%A4urebakterien%20den%20Pilz%20angreifen.&text=Auch%20der%20Joghurt%20wird%20einfach,auf%20die%20befallenen%20Bl%C3%A4tter%20gespr%C3%BCht.

https://www.boden-fachzentrum.de/lexikon/marienkaefer/
- https://www.eigenheimerverband.de/wissenwertes-fachinformationen/garten-umwelt-naturschutz/flyer/spinnen/
- https://www.lwg.bayern.de/gartenakademie/gartendokumente/wochentipps/246069/index.php
- https://www.nuetzlingswelt.de/nuetzlingslexikon/wanzen
- https://www.nuetzlingswelt.de/nuetzlingslexikon/amphibien-reptilien-spinnentiere/raubmilben
- https://www.nabu.de/umwelt-und-ressourcen/oekologisch-leben/balkon-und-garten/pflege/pflanzenschutz/nuetzlinge/index.html
- https://www.nuetzlingswelt.de/nuetzlingslexikon/wanzen#:~:text=So%20k%C3%B6nnen%20Blumenwanzen%20im%20Garten,ben%C3%B6tigen%20sie%20ein%20passendes%20Jagdrevier.
- https://www.nuetzlingswelt.de/nuetzlingslexikon/insekten/muecken
- https://www.nuetzlingswelt.de/nuetzlingslexikon/insekten/wespen
- https://www.wo-blumenbilder-wachsen.de/vogelfreundliche-garten-11-tipps/
- https://www.nuetzlingswelt.de/nuetzlingslexikon/insekten/heupferde
- https://www.nuetzlingswelt.de/nuetzlingslexikon/tiere/spitzmaeuse

https://de.wikipedia.org/wiki/Rollwespen#Lebensweise
• https://schneckenhilfe.de/angebote-igelhaus-vergleich-wie-siedelt-man-igel-im-garten-an/
• https://www.nuetzlingswelt.de/nuetzlingslexikon/hundertfuesser-weichtiere/schnecken
• https://de.wikipedia.org/wiki/Zucchini#Giftigkeit
• https://www.nuetzlingswelt.de/nuetzlingslexikon/hundertfuesser-weichtiere/gemeine-steinlaeufer
• https://www.nuetzlingswelt.de/nuetzlingslexikon/amphibien-reptilien-spinnentiere/froesche
• https://www.nuetzlingswelt.de/nuetzlingslexikon/amphibien-reptilien-spinnentiere/erdkroeten
• https://www.plantura.garden/leserfragen-2/pflanzenschutz-leserfragen/nematoden-ausbringen-11-tipps-zur-richtigen-anwendung-als-nuetzling
• https://www.nuetzlingswelt.de/nuetzlingslexikon/amphibien-reptilien-spinnentiere/blindschleichen
https://www.nuetzlingswelt.de/nuetzlingslexikon/amphibien-reptilien-spinnentiere/molche
• https://www.nuetzlingswelt.de/nuetzlingslexikon/hundertfuesser-weichtiere/schnecken
• https://www.gesundheit.gv.at/leben/ernaehrung/saisonkalender/juni/zucchini#:~:text=Inhaltsstoffe%20Inhaltsstoffe,und%20mineralstoffreicher%20Bestandteil%20der%20Gem%C3%BCsek%C3%BCche
• https://www.vitamine.com/lebensmittel/zucchini/
• https://www.geo.de/wissen/ernaehrung/vitamin-lexikon/20749-rtkl-zucchinis-diese-vitamine-stecken-drin
• https://www.speisekarte.de/blog/2017/08/18/wussten-sie-schon-zucchini/
• https://www.meine-ernte.de/kueche-verarbeitung/gemuese-eis/
• https://www.paradisi.de/nahrungsmittel/zucchini/#Inhaltsstoffe_und_Gesundheitswert
• https://www.kochbar.de/cms/zucchini-wissenswertes-ueber-das-gesunde-kuerbisgewaechs-2599201.html
• https://www.gartenbob.de/die-weinbergschnecke-im-garten/
• https://www.kochbar.de/cms/zucchini-wissenswertes-ueber-das-gesunde-kuerbisgewaechs-2599201.html
• https://krank.de/ernaehrung/lebensmittel/zucchini/
• https://www.mein-schoener-garten.de/pflanzen/gemuese/zucchini
• https://www.rewe.de/ernaehrung/zucchini/
• https://www.maggi.de/rezepte/zucchini-reis-salat/
• https://www.sevencooks.com/de/magazin/zucchini-roh-essen-44BzrYKb8wpe3V6NjK9zWq
• https://www.swp.de/suedwesten/staedte/heidenheim/zucchini-achtung_-giftig_-warnung-vor-bitterem-gemuese-

31949293.html#:~:text=Giftstoffe%20nicht%20nur%20in%20Zucchini%20vorhanden&text=Je%20nach%20aufgenommener%20Dosis%20k%C3%B6nnen,die%20Vergiftungen%20zum%20Tod%20f%C3%BChren.
- https://www.sevencooks.com/de/rezept/zucchini-minz-salat-14961
- https://www.sevencooks.com/de/rezept/gefuellte-zucchini-15778

https://www.sevencooks.com/de/magazin/kochen-mit-zucchini-tipps-einkauf-lagerung-zubereitung-1L5SMANTHGiqqwUKmOWWCG
- https://www.rewe.de/rezepte/halloumi-zucchini-spiesse/
- https://www.baldur-garten.de/onion/content/pflege-tipps/gem%C3%BCse-und-kr%C3%A4uter/zucchini#anchor-anchor-Zucchini_Verwendung
- https://www.chefkoch.de/rezepte/1200671225897398/Gebratene-Zucchini.html
- https://www.gutekueche.at/panierte-zucchini-rezept-6088

https://www.gutekueche.at/zucchini-cordon-bleu-rezept-22409
- https://eatsmarter.de/rezepte/zucchini-schiffchen-mit-huhn-reis-und-paprika
- https://www.sevencooks.com/de/rezept/gefuellte-zucchini-mit-feta-16174
- https://www.sevencooks.com/de/magazin/zucchini-roh-essen-44BzrYKb8wpe3V6NjK9zWq

https://www.bmi-rechner.net/kalorien-naehrwerte/kalorien-zucchini.htm
- https://eatsmarter.de/rezepte/kartoffelauflauf-mit-zucchini
- https://eatsmarter.de/rezepte/fischauflauf-mit-zucchini
- https://www.kochbar.de/rezept/445606/Beilage-Zucchinigemuese.html
- https://eatsmarter.de/rezepte/tomaten-zucchini-auflauf
- https://lowcarb-community.de/Rezept/zucchini-nudeln-zudeln/
- https://www.italianstylecooking.net/zucchini-spaghetti-mit-pesto/
- https://www.chefkoch.de/rezepte/96471038063925/Zucchini-Lasagne-ohne-Fleisch.html
- https://www.gutekueche.at/zucchinisuppe-rezept-11761
- https://www.chefkoch.de/rezepte/3362251499943350/Vegetarische-Zucchinisuppe-mit-Frischkaese.html
- https://abnehmtricks-und-abnehmtipps.de/low-carb-rezepte-ohne-kohlenhydrate/low-carb-zucchini-lasagne-mit-mozzarella-und-bolognese
- https://www.gutekueche.at/klare-gemusesuppe-mit-zucchini-paprika-und-paradeisern-rezept-42614
- https://www.chefkoch.de/rezepte/66491024415009/Zucchinipuffer.html?portionen=4
- https://www.chefkoch.de/rezepte/2096151338322379/Kartoffel-Zucchini-Puffer.html
- https://www.gutekueche.at/zucchini-sticks-rezept-2709
- https://www.living-keto.de/zucchini_pommes/
- https://eatsmarter.de/rezepte/zucchini-puffer
- https://www.chefkoch.de/rezepte/1986101321982847/Zucchini-Pommes.html
- https://www.essen-und-trinken.de/rezepte/54994-rzpt-gegrillte-zucchini

- https://www.kochbar.de/rezept/332397/GRILL-KUGELZUCCHINI-gefuellt.html
- https://www.chefkoch.de/rezepte/1982071321475639/Zucchini-Dip.html
- https://www.brigitte.de/rezepte/gurken-joghurt-dip-10535366.html
- https://www.gutekueche.at/tsatsiki-rezept-25721
- https://www.kochbar.de/rezept/231751/Zucchini-Tomaten-Salsa-scharf.html
- https://www.essen-und-trinken.de/rezepte/57700-rzpt-zucchini-salat
- https://www.gutekueche.at/apfel-zucchini-marmelade-rezept-9539
- https://www.gutekueche.at/zucchinichutney-rezept-6217
- https://www.gutekueche.at/zucchini-chips-aus-dem-backofen-rezept-24604
- https://www.gutekueche.at/zucchinikuchen-rezept-24590
- https://www.swp.de/suedwesten/staedte/heidenheim/zucchini-achtung_-giftig_-warnung-vor-bitterem-gemuese-31949293.html#:~:text=Giftstoffe%20nicht%20nur%20in%20Zucchini%20vorhanden&text=Je%20nach%20aufgenommener%20Dosis%20k%C3%B6nnen,die%20Vergiftungen%20zum%20Tod%20f%C3%BChren.
- https://krank.de/ernaehrung/lebensmittel/zucchini/
- https://www.fitforfun.de/abnehmen/gesund-essen/zucchini-das-alles-kann-das-gruene-wunder-286219.html

Bildverzeichnis:

- Coverbild: https://pixabay.com/de/photos/gem%C3%BCse-gr%C3%BCn-zucchini-lebensmittel-2356884/
- Bild Seite 12: https://pixabay.com/de/photos/zucchini-zucchetti-k%C3%BCrbis-3480653/
- Bild Seite: 19: https://pixabay.com/de/photos/gem%C3%BCse-vitamine-di%C3%A4t-lebensmittel-2202508/
- Bild Seite 20: https://pixabay.com/de/photos/zucchini-vegetarisch-frisch-gem%C3%BCse-5318907/
- Bild Seite 21: https://pixabay.com/de/photos/gem%C3%BCse-zucchini-gem%C3%BCsegarten-garten-2735263/
- Bild Seite 23: https://pixabay.com/de/photos/zucchini-gr%C3%BCn-gem%C3%BCse-ernte-bio-605636/
- Bild Seite 24: https://pixabay.com/de/photos/gem%C3%BCse-vitamine-di%C3%A4t-lebensmittel-2202503/
- Bild Seite 25 oben rechts: https://pixabay.com/de/photos/zucchini-squash-gem%C3%BCse-melonen-885048/

- Bild Seite 25 oben links: https://pixabay.com/de/photos/zucchini-gem%C3%BCse-closeup-1637435/
- Bild Seite 25 unten: https://pixabay.com/de/photos/zucchini-gem%C3%BCse-gelb-lebensmittel-74353/
- Bild Seite 26 oben: https://pixabay.com/de/photos/zucchini-k%C3%BCrbis-gr%C3%BCn-gelb-2783059/
- Bild Seite 26 unten: https://pixabay.com/de/photos/zucchinis-gem%C3%BCse-gelb-1513112/
- Bild Seite 30: https://pixabay.com/de/photos/zucchini-gem%C3%BCse-zucchinibl%C3%BCte-bio-443679/
- Bild Seite 31: https://pixabay.com/de/photos/zucchini-bl%C3%BCten-gem%C3%BCse-garten-gelb-4496696/
- Bild Seite 34: https://pixabay.com/de/photos/zucchini-nano-verde-di-milano-3408724/
- Bild Seite 3, 38 und in den Kopfzeilen: https://pixabay.com/de/photos/gem%C3%BCse-gr%C3%BCn-zucchini-lebensmittel-2356884/
- Bild Seite 51: https://pixabay.com/de/photos/l%C3%A4use-blatt-ungeziefer-blattl%C3%A4use-1271992/
- Bild Seite 53 links: https://pixabay.com/de/photos/achateule-schmetterling-falter-1627695/
- Bild Seite 53 rechts: https://pixabay.com/de/photos/schmetterling-eulenfalter-f%C3%BChler-96071/
- Bild Seite 54: https://pixabay.com/de/photos/japanische-k%C3%A4fer-k%C3%A4fer-wilde-traube-279869/
- Bild Seite 56: https://pixabay.com/de/photos/ratte-wasser-rate-nagetier-77905/
- Bild Seite 63: https://pixabay.com/de/photos/kompost-garten-abf%C3%A4lle-bio-natur-419259/
- Bild Seite 64: https://pixabay.com/de/photos/pflanze-hoch-nahaufnahme-isoliert-164571/
- Bild Seite 65 links: https://pixabay.com/de/photos/knoblauch-kochen-geschmack-1238337/
- Bild Seite 65 rechts: https://pixabay.com/de/photos/birne-nahaufnahme-gew%C3%BCrznelke-farbe-1238339/

- Bild Seite 70: https://pixabay.com/de/photos/erdkr%C3%B6te-bufo-bufo-amphibien-6142644/
- Bild Seite 71: https://pixabay.com/de/photos/heuschrecke-grash%C3%BCpfer-insekt-3527646/
- Bild Seite 72: https://pixabay.com/de/vectors/alphabet-wortbilder-tier-igel-1296478/
- Bild Seite 79: https://pixabay.com/de/vectors/hand-wie-daumen-bis-best%C3%A4tigen-157251/
- Bild Seite 81: https://pixabay.com/de/vectors/ihr-warenkorb-enth%C3%A4lt-commerce-2952531/
- Bild Seite 84: https://pixabay.com/de/photos/gem%C3%BCse-vegan-vegetarisch-zucchini-4318217/
- Bild Seite 87: https://pixabay.com/de/photos/wichtig-stempel-aufdruck-2508599/
- Bild Seite 93: https://pixabay.com/de/photos/von-zucchini-koreanisches-essen-2395811/
- Bild Seite 98: https://pixabay.com/de/photos/zucchini-tomaten-k%c3%a4se-gef%c3%bcllt-1804460/
- Bild Seite 100: https://pixabay.com/de/photos/landwirtschaft-lebensmittel-frisch-72254/
- Bild 101: https://pixabay.com/de/photos/auflauf-tomaten-gem%c3%bcse-rot-essen-517229/
- Bild Seite 104: https://pixabay.com/de/photos/zcodles-zucchini-nudeln-spirale-2282440/
- Bild Seite 106: https://pixabay.com/de/photos/zucchini-nudel-nudeln-zoodle-2340977/
- Bild Seite 112: https://pixabay.com/de/photos/suppe-zucchini-oregano-blumen-2705755/
- Bild Seite 124: https://pixabay.com/de/photos/grill-zucchini-essen-3502212/
- Bild Seite 127: https://pixabay.com/de/photos/minze-blatt-minze-gr%c3%bcn-pfefferminze-5000528/
- Bild Seite 135: https://pixabay.com/de/photos/essen-gurke-k%c3%bcche-cook-kulinarisch-4635992/

- Bild Seite 138: https://pixabay.com/de/photos/n%c3%bcsse-haseln%c3%bcsse-lebensmittel-nuss-1124331/